〈知の統合〉は何を解決するのか
モノとコトのダイナミズム

横幹〈知の統合〉シリーズ
編集委員会 編

東京電機大学出版局

横幹〈知の統合〉シリーズの刊行によせて

　〈知の統合〉は，分野を横断する科学技術を軸に，広範囲の学術分野が連携して，人間・社会の課題に取り組んでいこうとする活動のキーワードです．横断型基幹科学技術研究団体連合（略称：横幹連合）の主要な活動を表すキーワードでもあります．

　横幹連合は，文理にわたる学会の連合体です．そこでの活動では，「横断型の基幹科学技術とは何か」，「どのような課題に向けて取り組んでいこうというのか」，「どのようにして課題解決をはかろうというのか」が問題となります．この三つをつなぐキーワードが〈知の統合〉です．

　「知」は科学技術という形で積み上げられ，それぞれの個別分野を形作り，それぞれが対応する人間・社会の課題を解決してきました．では，現代の人間・社会における課題に取り組むとき，なぜ〈知の統合〉がキーワードとなるのでしょうか．これが，本シリーズのテーマです．

　科学技術では，それぞれの分野が対象とする守備範囲が，時代を経て，だんだん小さいものになっています．いわゆる科学技術の細分化です．これは，個別の科学技術の深化にともなっての成り行きです．一方，個別の科学技術が関わらなければならないそれぞれの問題の範囲は，だんだん大きくなっています．人間・社会での課題が複雑化し，いろいろな問題が相互に関連し始めた結果です．

　個別の科学のほうの対象範囲がだんだん小さくなって，一方で扱うべき問題の範囲がだんだん大きくなって，どこかで交差して，対応すべき個別科学が破綻をして，そして，科学の再構築が行われてきました．これが，歴史上の「科学革命」です．

　17世紀の第一の科学革命では，物理，化学（の原型）が，対象としていた自

然現象を説明しきれなくなって破綻して，数学の力を借りた科学の再構造化という革命をもたらしました．19世紀の第二の科学革命では，それまでは"術"であった工学や生産の科学がものの加工，すなわち物質の変化を説明できなくなり，また，破綻しました．20世紀の第三の革命では，広い意味での経営や最適化，すなわちシステムを扱う科学技術が実社会の動きの仕組みを説明できなくなり破綻して，革命をもたらし，情報を軸にした新しい科学を生み出しました．

おそらく21世紀では，環境問題も含めて，人間の生活に伴う，一見ばらばらに見えるあまりに多様な諸問題を，多様な科学が個別に対応しようとし，そして破綻を迎えつつあるように思えます．それに対抗するには，幅広いさまざまな分野が，その垣根を越えて横に手を結ぶということが重要です．しかし，そこでは，手を結ぶことによって協働で共通課題を解決するということ以上のものを志向することが大切です．

すなわち，科学技術を寄せ集めても本質的な解決には至らないからです．ここに，課題解決型の活動の落とし穴があるように思えます．多様な諸問題の根底にあるものを見据えるための科学の創生が必要なのです．それは，細分化された知を統合する「新しい知の創生」，すなわち，「統合知」の創生です．

それとともに，「知を利用するための知」の確立と整備も併せて志向することが重要です．

やがて，人間・社会・環境を扱う科学（技術）にとって，第四の科学革命が必然になります．そこでの科学技術の再構築を担うのは，この「知を利用する知」としての機能を内包する科学を基盤とした，人間や社会の課題の根底を見通すための〈知の統合〉です．

本シリーズでは，それぞれ，現代の人間・社会の課題を見据えたうえでの，〈知の統合〉のあり方を具体的に論じます．本シリーズを通して，身近な科学技術が現代の人間・社会の新しい問題に対応して，21世紀の今後どのように展開していくのかを，読み取っていただければ幸いです．

横断型基幹科学技術研究団体連合
会長　出口光一郎

はじめに

　本書は，〈知の統合〉シリーズの第1巻をなし，〈知の統合〉は何を解決するのかを，モノとコトのダイナミズムという視点から論じます．本書の位置づけは，次のようにして捉えることができます．まず，我々の視野の左側に「モノ」をおきます．右側には「コト」をおきます．ただし，この「モノ」と「コト」を相反する対極としてその対比を考えるのではなく，その間に広がるスペクトルを想定します．ここで，「モノ」「コト」は何であるのかは，あえて厳密に定義はしません．本書の随所で，それらが何であるのかが論じられるからです．ただ，一番左側には我々人間の力の及ばない自然物としてのモノが来て，一方，一番右側には我々の感情といったものが据えられることになります．右へ行くほどコトの領域になります．このモノからコトに至る広い領域で，我々は多くの課題を抱えています．一番左側の自然物や自然現象を対象とする学問は自然科学であり，営々とした人類の知の挑戦の連なりがあります．ただ，そこからちょっと右側に目を移すと，科学技術の対象としては混沌とした未整理の広がりが見えます．そして，現代ではこの自然から離れた領域で，人間・社会の問題がますます重く大きくなりつつあります．この領域の課題の解決を〈知の統合〉を通して見渡し，その解決への道筋を探るのが本書の目的であり，そこでの鍵が，ここで言う「モノからコトへと至るダイナミズム」です．

　本書では，第1章で，「人工物観」という概念を学びます．上記の言い方では，自然物から右側に離れて存在するモノが人工物です．ではその人工物をコトの領域から見てどう捉えるかが人工物観です．まさに，「モノ」と「コト」を結ぶダイナミズムにほかなりません．

　まず，人工物は機能と一体化したものであることが示されます．どのようにし

て人工物に機能を発現させるかが設計（デザイン）です．現代の人工物は，個々の人工物が組み合わさった総体となっています．すると，現代の人工物観は，人工物の総体の機能，すなわち個々の人工物の機能を単に加算したもの以上の機能を対象としています．そのような人工物観のもとでの設計は，それぞれ特定の領域で単独のものを対象に考えることでは達成できません．新しい人工物観のもとで，この総体を持続可能なものへと重心移動させるためには，人工物総体の機能を設計するための基本的な原則が必要となります．これが，〈知の統合〉を必然とする理由です．

続いて，第2章では，「モノつくり」に対照させて知の統合の新たな戦略目的として「コトつくり」が提唱されます．さらに，「コト」の実現は，システムを構築していくという形でなされることが示されます．システムとはある目的を達成するために機能要素が適切に結びついた複合体です．システム構築とは，「機能」およびその機能を「創造するプロセス」を重視し体系化していくことです．そのためには，細分化されていく個別分野の「知の相互関係を探求」すること，個々の知見の中から普遍的な原理を抽出して「汎用的な知へ拡大する仕組み」を構築することが必要です．コトつくりの科学的，学術的な基礎は知の統合にあるわけです．

次の第3章は，「コトを測る」と称して，いったん中休みとして，「コト」を別の視点から眺めます．「コト」も「モノ」と同じくその価値を定量化できることを示します．しかし，モノとは違って自由で恣意的な観点からの評価が許されるし，また，その恣意的な観点からの評価を積極的に利用することで，コトつくりの戦略を練ることができることを示します．「コト」とは何かを理解して，本書の論点を捉える一助となるでしょう．

第4章で扱う「マネジメント」は，設計を裏付ける実務にあたります．設計で目論んだ機能が実効性を持つためには，適切で科学的なマネジメントが必要となります．マネジメントはコトつくりと密接に関わっています．マネジメントに必要とされる知の統合の仕方を論じます．

第5章では，環境問題に焦点を当てて，知の統合とは何をすることか，そのために何が必要なのか，どのような手順，方法論が必要となるのかについて考察し

ます．ここでは，学術の境界である学際のみならず，より広く，国際，そして業際などの"際"を越えるとは何をすることかを論じます．人間・社会の問題，とりわけ環境問題の解決に，学問分野や時間軸，空間軸を越えた連携が必要となることはいうまでもないからです．環境問題に立ち向かう世界を挙げての研究プロジェクトでは，研究の計画，実施に際して，学界外からも関与者（ステークホルダーと呼ばれる）の参加を求め，研究開始当初から連携して研究の協働設計を行い，協働実施を行わねばならないことが示されます．学際融合が奨励され，これまで数多くの研究が行われてきたにもかかわらず，多くの社会的課題が解決されていない理由の一つに，研究者が学界内の連携のみを指向し，社会の生の声を聞いてこなかったからだ，という反省があるからです．

第6章は，典型的な「コトつくり」分野であるサービス産業における課題を取り上げます．サービスとはサービスプロバイダが顧客に対して提供することによって，顧客に状態変化を起こすものと定義されます．サービスの創成を人工物の創成・設計のための汎用論理であるシステムズエンジニアリングの立場から論じます．まず，システムズエンジニアリングの歴史的な発展を，知の統合として概観します．そして，これまでのシステムズエンジニアリングが生み出してきたさまざまな方法論を実践に移すことによって，サービスの新たな展開であるサービスイノベーションが実現されると期待され，その取組みが始まっていることを示します．コトつくりの具体的な方法論を検証しています．

日本におけるモノつくり偏重とその弊害については，第2章で触れています．モノつくりの伝統自体は否定すべきものではありません．しかし，最初に俯瞰したようなモノからコトに至る広大な領域での人間・社会に関する現代の多様な課題に対しては，モノつくりの尊重では活路は見いだせません．では，このモノつくりを尊重する日本の風土がどのように形作られ，どのように育ってきたか，そして，その風土と感性の中でのコトつくりのあり方，また，その基盤となる〈知の統合〉はどう結実させていくのかを，最終の第7章で論じます．

一時的には他の追随を許さない高度な技術力を誇りつつも，些末な要素技術に特化していくことで，技術がクローズド化し，新たな発想へと発展させることができなくなることが，日本の文化的特性として散見されます．「ガラパゴス化」

とも揶揄されます．では，「ガラパゴス化」の何が最も問題なのだろうかを，この言葉の発生源である，ケータイ技術の盛衰について振り返って考察します．欧米の技術によるスマートフォンに席巻されていく過程を，電話というそもそもは単純な機能の道具がさまざまな周辺機能を身に付けていった際の，人工物における機能発現の方法の違いから解き明かします．スマートフォンは，最初から装備すべき機能を考慮し，これを，まさにスマートなユーザーインターフェイスによって提供しました．これに対して，日本のケータイは，少しずつユーザー受けする機能を付与・増強し，やがて操作があまりに複雑化してユーザーはついていけなくなっていってしまいました．欧米の技術は全体の統一を図る世界観を重視するのに対して，日本の技術は，個別のアクターが一時的な状況や他のアクターとの適合的な相互作用を反復して成長していくという，自己組織的な世界観を基盤にしているということです．

〈知の統合〉にとって，全体の統一を図る世界観は重要です．ただしかし，日本的システム・モデル，すなわち，全体の統一的制御は欠くけれども状況適合的に自己組織を反復して成長していく自己増殖モデルは，完全に否定されるべきモデルなのでしょうか．ここでは，時代は，むしろ中央制御モデルから自己増殖モデルへとシフトしつつあるかのようにも見えることが指摘されています．それを受けて，本章では，中央制御モデルと自己組織モデルを相互補完的に構成することで，より個々のアクターの自律性を活性化させつつ，全体の緩みある秩序を維持するメタ・システム・モデルを構想し得るのではないかと問いかけます．〈知の統合〉に至る過程の一つのあり方を示しています．

以上を通して，本書では，「モノつくり」社会を脱して，システム構築に基づいた「コトつくり」を志向する道筋，そしてそれは〈知の統合〉によって導かれるのだということが，現代の人間・社会の課題へ向かい合う鍵となることが示されます．ただしかし，〈知の統合〉が，単に「モノ」と「コト」の対比や，「モノ」から「コト」への重心移動によって生み出されるものではないことも示されます．そこでは，「モノ」から「コト」へ至るスペクトル上での人間・社会における現代的な課題を見据えた「モノ」と「コト」のダイナミズムを理解することが重要です．本書が，〈知の統合〉シリーズの第1巻として，その一助となることと考

えます．

　最後に，本書の構想と構成の取りまとめは，最終章の著者である遠藤薫先生によることと，また，編集・出版に至る過程では，東京電機大学出版局の坂元真理さんに多大なるお世話をいただいたことを記し，ここに，お礼を申し上げます．

2016 年 1 月

出口光一郎

目 次

第1章　人工物観 ………………………………… 吉川　弘之
1. 人工物という概念に到達するまで　*1*
2. 物理学と機能学　*4*
3. 自然観と人工物観　*6*
4. 人工物観の変遷　*8*
5. 持続のための人工物――人工物観の復権　*11*
6. 横断型基幹科学技術の意義　*15*

第2章　コトつくりからシステム統合へ ……………… 木村　英紀
1. はじめに――「ことつくり」の由来　*19*
2. 「融合」と「統合」ブーム　*21*
3. システム構築としての知の統合　*25*
4. 「もの」と「コト」を統合するシステム統合　*30*
5. 日本の問題　*31*
6. おわりに――システム産業の創出を　*34*

第3章　コトを測る ………………………………… 出口　光一郎
1. はじめに　*37*
2. コトを測る――情報量と情報エントロピー　*38*
3. コトの戦略――情報理論的アプローチ　*43*
4. おわりに　*50*

第4章　マネジメントとコトつくりの科学技術 ……………　鈴木　久敏

 1.　マネジメントとマネジメント技術　*51*
 2.　コトつくりの科学としての横断型基幹科学技術　*55*
 3.　マネジメント技術とコトつくりの科学　*59*

第5章　学際・国際・業際 ………………………………………　安岡　善文

 1.　はじめに　*61*
 2.　Future Earth と SATREPS，二つのプログラムの開始　*62*
 3.　地球規模での環境問題の俯瞰　*65*
 4.　"際"を越える知の展開　*68*
 5.　研究行為のサイクルによる社会的課題の解決　*72*

第6章　サービスイノベーション
   ――システム科学技術からのアプローチ ………………　舩橋　誠壽

 1.　サービスイノベーションは生産性向上だけではない　*75*
 2.　大規模複雑な人工物の構築を可能にするシステムズエンジニアリング　*78*
 3.　サービスイノベーションのためのシステムズエンジニアリング　*86*

第7章　日本のモノづくりとそのメタ・システム化
   ――ガラパゴス化を超える新たなパラダイム ……………　遠藤　薫

 1.　はじめに　*91*
 2.　日本におけるケータイの進化とガラケー化――何が問題なのか　*92*
 3.　西陣織とコンピュータ　*97*
 4.　日本的システム・モデル再考――〈モノ〉の思想と社会性　*100*
 5.　二つのシステム・モデルの未来――メタ・システム化は可能か　*102*
 6.　おわりに　*106*

あとがき	*107*
注	*110*
参考文献	*112*
索　引	*116*
編著者紹介	*119*

第1章

人工物観

吉川 弘之

1. 人工物という概念に到達するまで

　自然観は，哲学の主要課題であり，多くの言及がある．しかし人工物観という言葉はない．それはなぜか．この理由を考えることは，人間を特徴付ける最大のものの一つとして人が物を作ることがあり（ホモファーベル），その視点から人間を定義する努力が払われながら，しかし作った結果がどうなるかについてはあまり関心を払うことがなかったことの理由を考えることから始める必要がある．ここでいう結果とは，作られたもの，その影響による自然の変化そして人間そのものの変化などである．これらについて哲学的な思索を内観によってするものがいない．影響を与える"作られたもの"は，自然のなかに組み込まれてしまい，思索家たちにとってそれらは存在物としてまとめて考える対象であって，"作られたもの"を自然物と区別をすることに関心を持たない．

　人工物観という言葉がなかった直接の理由は，実は「人工物」という概念がなかったからである．言葉はあった．しかし，かつて人工物というと，天然に似せた作り物，本物に対するまがい物という含意があり，文字どおりの人が作ったものという意味を超えてしまうのが一般であった．英語圏でも，

人工物の英訳として辞書にある artefact という言葉を使うと，ほとんどの人が考古学の出土品における人が作ったものと理解してしまうのであった（説明のために，artificial things と言ったこともあるが，今は artefact が一般的な人工物として通用する）．たしかに考古学では，一つの出土品が，自然のものか人が作ったものかで大きな解釈の違いを生むから，自然物と人工物の間には截然とした区別を置く必然性がある．しかし，他の分野では，それぞれ分野固有の理由によってその言葉を必要としなかった．

　上に述べた哲学では，作るという行為を重視するのに，その結果に関心を払わなかったと指摘したのであった．その一つの理由は，作られたものと自然のものとの，人間に対する基本的関係を存在論的に区別することが難しいだけでなく，それをまとめて存在する"外界"として考えたほうが人間を統一的に理解しやすいことがあると思われる．もちろんここで，マルクスの生産物と疎外についての大きな議論を忘れてはいけないが，それは人工物の所有形態に重点が置かれていてここでの議論と同列に論じるべきものではない．

　一方作ることを直接扱う工学では，作られたものは主役である．しかしここでも"作られたもの"という概念の影は薄い．その理由は，機械工学には機械，電気工学には電気装置，工業化学には化学合成品，金属工学には金属材料など，それぞれ作られたものは各工学領域に独自の貴重なものなのであって，作られたもの一般というように他の領域と一括りにされることなど耐えられない．

　また物理学などでは，作られたものは実験の道具であって作った人におおいに感謝はするけれども，研究の対象になるものではもともとない．

　このように，区別の必要がない，一括りにすることに耐えられない，研究対象にするには及ばない，などの，無視，拒否，蔑視などによってその概念の意義が貶められていた"作られたもの"を，自然物と対等に位置付けるべきものとしての「人工物」という概念を定めて筆者が人間固有の能力としての設計を論じたのが 1973 年である[1]．そこでは，人間の設計行為とはなにか，なぜ設計能力が生じるのか，その結果生み出される設計結果とはなにか

など，多様な設計行為の中に共通に存在する設計を明らかにするための「一般設計学」という分野に取り掛かったのであったが，そのなかで，機械，建築物，情報システム，そして社会システムなど，人工的なものをひとまとめにする概念が必要不可欠となった．そこで，作られたもの，作られるであろうものすべての外延を包含する内包概念としての人工物を定義したのである．

同じころ人工物という概念の重要性を述べたものとして，1969年に出版されたハーバート・サイモンの "The Science of the Artificial" [2] がある．経営学と人工知能との接点に位置付けられるともいえるこの書について，工学設計を考えていた筆者はその存在を知る機会がなく，1977年の日本語訳[3]を手にして初めて，サイモンが人工物について考察を行っていることを知ることになった．そこでは主として the artificial という表現が使われているが（artifact も使われている），人工物について深い洞察を行った書である．特に「人工物の科学」を創りたいという目標についての語りは，おおいに共感を覚えたのを思い出すが，サイモンの予告は，人工物の科学は人工知能の展開によって明らかにされてゆくというものであった．一方筆者はすでに，一般設計学は計算機に依拠した人工知能の研究や，計算機による設計支援システムによっては作れないと宣言した後だったので，サイモンと接点を持つ機会はなかった．30年後の現在，設計の本質はどの方法によっても依然として明解に記述することができないでいるが，サイモンの深遠な思索に直接触れることができなかったのは，今から思えば残念なことである．

さて，筆者の1973年当時の人工物の定義は「自然としては存在しなかったもの」である．この言葉には当初かなりの抵抗があったが，今は多く使われるようになり，この言葉なしには論じられない問題も多くなった．

そのなかで重要な課題として，環境問題がある．地球環境の持続性が人間の行動の影響を受けるという問題は今共通の関心事であり，その考察のために人工物という概念は欠くことができない[4]．それは自然に影響を与える人間の行動は，多くの場合自然物を人工物に変換するという行為を伴うからである．人工物の主なものとしての，機械，道具，装置，建造物，家具，書

籍，工芸品などは，それぞれ素材，したがって材料を使うが，それらは皆自然資源を発掘したり採取したりして得るものである．自然としては存在しないものという定義からすれば，発掘したものはすでに人工物であり，その後精錬，加工，組み立てなどを経て身近な人工物となる．燃料も，使える状態ではもちろん人工物である．自然物が人工物に変換されるとき，自然は変化を受ける．また人工物は作られるだけでなく使われる．この使うことによっても，自然は変化を受ける．このようにして，環境変化の主要な要因として人工物を考えざるを得ず，したがって人工物は重要な概念となる．それは自然と同じものと考えることは許されず，別々に機械，電気装置などと考えていては環境に対する全体的影響を論じることはできず，また蔑視するなどとんでもないのであって，自然とはまったく違うものでありながら，同じ重要性を持った存在なのである．

2. 物理学と機能学

　人工物は人間が作った物だから，その隅々まで知っていると思うのは思い上がりである．理由は二つある．一つは，人間が作ったといっても，部材をマクロに知っているだけで，その内部微細構造まで知っているわけではない．例えば木材の微細構造を知らなくても，そのマクロな強度を知っていれば，椅子を作ることはできる．作るためには，要素ごとの働きだけを知っていればよいのであって，すべてを知っているわけではない．これは部分的にしか知らないのにすべてを知っていると考える思い上がりであるが，二つ目の理由が本質的なものである．それは，人工物には人間の意図が込められており，それはもともと存在していた自然物とは違う効果を，人間を含む外界に与えている．人工物が外界すなわち他のものに与えている効果を"機能"と呼ぶ．すると一つ目の理由の，要素の働きも関係部品という外界に対する機能であることが理解される [5]．このように考えると，人工物の理解とは，その内部構造がどのように外界と作用して機能を発揮するかを知ることであり，その領域を"機能学"と呼んでもよい．これは自然物の理解を目的とする物理

学とは異質のものであることがわかる．そして私たちは機能学について，ほとんど未熟な体系を持っているにすぎない．

　この異質性を明確にするためには，機能とは何かを定義する必要がある．実はこれもなかなか大変な仕事である．もともと機能は生物学の概念であり[6]，したがって文化人類学でも使われる言葉であるが[7]，詳細な議論は社会学のマートン[8]によって行われ，そこでは人や社会的組織の機能が論じられており，私たちが研究してきた設計学における機能，すなわち人工物の機能と対象は違うが，私たちの定義はマートンのものに近い．これらの定義は認識論で厳密に考察されているように[1]，いずれも人間（あるいは生き物）にとっての意味という面を持っているから，もはや物理学が自然物に対して持つ視点と違うのは明らかである．ここで1973年の筆者の定義を再録すれば，

> 定義：ある実体を，ある状況に置いたときに発現する属性によって観察される挙動を，その状況における顕在機能という．状況が変わることによって異なる機能が現れるが，その現れる可能性のある全機能を潜在機能と呼ぶ．顕在機能と潜在機能とを総称して機能と呼ぶ

というものである[1]．この機能の定義が人工物の理解の基本となるが，ここでいうすべての機能を知るということは，物理学におけるすべての内部構造を知ることを前提としているのであって，自然物を知ろうとする物理学は，人工物を知ろうとする機能学の部分を構成していることが理解される．

　人間と自然の関係を作るという観点で考察したのは前出のホモファーベルという人間の定義を作ったベルグソンであり，人間は意識一般に突き動かされて自然に働きかけ，物を作り，それによって新しい存在へと進化してゆく．そこには物を作る人間が，作ることによって進化する，すなわち人間の創造と進化という，私たち工学者にとっても身近な問題を論じながら，しかし働きかけられた自然の変化には関心を持つことがなく，したがって人工物という概念は出てこない．すでにベルグソンは，哲学が自然を理解するものに対し，科学は自然を人間の支配下に置くものという考えを出していたが，作ら

れたものに関心を向ける思索家の出現はさらに後で，例えばマンフォードのような，建築やデザインの世界で初めて，作られたものについての思索が始められる[9]．これは機能学と言ってもよいが，しかし，そこではすでに，作ることが芸術と技術，あるいは表象と実用という対立の中に価値付けられて分類され，重要な視点ではあるが作られたものの全存在という視点が出てこない．人工物とは，創られたものの存在すべてを，機能という視点で捉えるための表現なのであって，表象と実用という分類を芸術の視点を使ってするのは，領域の視点を除いた人工物を描出した後にするべきことなのである．

このように考えてくると，直ちに新しい問題が起きることに気づく．それは自然物の機能という問題である．それはもちろん物理学では扱わない．とすれば，これは機能学の範疇である．そもそも人間がこの地球上で生存しているのは，自然の恩恵によっているのであり，言い換えれば自然物の機能を使わずに生存することはできない．空気があり水があり，食糧があり資源がある．そしてこれらを作り出す自然の装置がある．このことは最近になって明示的に言及されるようになり，「エコシステムの機能」と呼ばれ経済的価値を計量することも行われている[10]．

このことを考慮して，方針が決まる．それは，物理学が自然を構造と性質の関連において捉えるのに対し，機能学は自然および人工物を構造と機能の関連において捉えるものとする．しかも求めるものは，ベルグソンのように自然を支配するための科学的知識ではなく，自然と人工物の組を持続するための知識であり，そのための鍵として機能を位置付けるのである．

3. 自然観と人工物観

ここで議論を簡単にするために，物理学は物理（物の理）を，機能学は機能を対象にするものとして，それぞれに対する観念，すなわち自然観と人工物観について考察することにしよう．

自然観は人が自然存在全体に対して持つ観念（views）であり，歴史的に哲学の，そして近代以降は科学の背景にあってその構造を決めているものと

考えてよい．例えばニュートンでは，全自然存在は，統一的な法則によって拘束されており，したがってすべての自然現象は，人間によって観察されるか，されないかに関係なく因果関係によって決められていると考える．この自然観がニュートン力学に骨格を与え，構造を決めている点が重要である．ここで詳述する余裕はないけれども，デカルトにせよ，カントにせよ，偉大な思想家は固有の自然観を持っており，それは直接間接に述べられている．そしてそれから自然と人間との関わり方を導き，それに基づいて人間を考える．すなわちそこに，人間観を考察する場が生まれる．この場合，自然観の元となる自然は，人間とは関係なく存在する神のものであるか，たとえ働きかけたところで何の変化も受けない強靭な存在である．

一方人工物観は，その言葉がなかったのだから，表現され直接議論される機会はなかった．したがってその歴史を記述された思想史の中に直接読むことは困難なのであるが，作られた人工物について，それがどのような目的で作られどのように使われたかを知ることによって人工物観を推定することは可能である．その詳細な調査がこれから望まれるのであるが，ここでは各時代における人工物を作る目的，あるいは動機についてのごく大まかな理解で人工物観の歴史を概観することを試みる．

古く先史考古学が対象とする時代は，前述したように発掘された"人工物"が貴重な資料であるが，それは多くの場合道具である．それは決して強いとはいえない人類が，他の動物を含む自然の猛威を逃れあるいは打ち勝って生きてゆくために不可欠なものであった．これは長い歴史を通じて，人類を次第に強いものにしていった．しかしこのような人間と一体になって人間を強力にする道具だけではなく，農耕が始まって日々の食糧獲得作業から開放されると，そこには生活用品や作業のための器具などが生まれてくる．そしてもちろん，古代の各時代を特徴付ける造形美術も常に存在した．これらの道具，器具，美術品は，それぞれ生存のための人工物，利便性のための人工物，表象のための人工物であると考えられるが，このように長い歴史を通じて人類は多様な機能を持つ人工物を作り出してきたと考えてよい．しかしここで注意するべきことは，これらの人工物は必ずしもこれから検討しようとする

人工物とは必ずしも同じではないことである．それは，例えば道具で矢じりを考えると，ある場合は格好の形をした石が自然界に見つかったとき，そのまま使用するということはおおいにあったと考えられ，この場合は自然物を使ったにすぎず，人工物ではないと考えることもありうる．定義からすれば，使用する状態に置かれたその石は人工物なのであるがほとんど自然物である．器具にしても表象にしても，目的とするものに近い自然物を持ってきて最小の加工で済ませることが多いとすれば，人工物と自然物の違いを截然とつけることは容易でなくなる．このことは現代でもあり，前述のエコシステムサービスはその例であるが，人工物と自然との"近さ"という，人工環境を考えるときの重要な概念がここにはあって，検討しなければならないものであり，その歴史的変遷は興味ある課題であるが，それは別の機会に譲ろう．ここでは，人工物には生存，利便，表象を機能とするものがあり，すでに古代においてそれらの人工物が出揃っていたことを知っておけばよい．

　人工物と自然との境界が判然としないことと，多様な機能を持つものがきわめて長期にわたって共存したことから考えると，この人工物誕生の長い時代の人工物観を明解に言うことは難しいし，おそらく時により場所により，この三者は相互に関係しながら揺動していたのであろうから，この長い時代を特徴付ける人工物観は単純なものであるはずがない．人工物を作り出す背後にあるものとしての人工物観を考察する今の目的から考えて，とりあえずこの時代の考察は省略する．ここでは，人工物の機能には生存，利便，表象の三種類があり，それぞれの機能を持つ人工物は，この三種類に対応する人工物観に依拠して作られると考える．そしてより新しい時代のそれぞれには，その時代の状況を背景とする人工物観があり，それがその時代を特徴付ける人工物を作り出したと考える．

4. 人工物観の変遷

　歴史を通じて作られた建造物である寺院や神殿，あるいは華麗な装飾品から理解されるように，古代においては権力と関係づけられた表象に，人間の

作る能力が集中していたことが理解される．もちろんこの時代にも，武器，狩猟器具，運搬器具などの多様な人工物が作られていたが，当時の先端技術は権力や宗教と結びつき，表象に向けられていたと考えてもよいのではないだろうか．そこで古代を「表象のための人工物」の時代とする．言い換えれば，この時代の人工物観は次のように言えるであろう．それは宗教的な内面の表現や現世的な期待感の表現のような，精神的な内面の表現を人工物による表象を通じて行ったことからいって，人工物は精神が外化したものであり，自然と対話するために必要なものであった．

しかし中世では，技術的工夫が多く道具や器具に向けられた．ヨーロッパでいえば，ギリシャローマ時代には権力のもとに集約されていた生産技術は，広い地域へと拡散し，そこで権力と関係のない人々の，生活や安全のための技術となって多様な進展を遂げていった．時代の先端技術が安全な生活のために向けられたということもでき，「生存のための人工物」の時代と呼べる．これらの技術の集大成は，フランス大百科全書を見ればわかるように，少なくとも機械系といわれるあらゆる分野で，現代の技術の基本的な原型を完成させていた．人工物は食糧を獲得し，風雨をしのぎ，外敵から身を守り，そして災害を防ぐことによって安全な生存を営むために必要不可欠なものとなっていった．したがって人工物観は，人間の生存にとって不可欠な物が人工物であり，作れば作るほどよいものであり，全力を挙げて作り出すべきものであったと思われる．人工物はこの時代に，人間を攻撃する外敵である邪悪なるものとの，全知を傾けた戦いの中で生み出される，きわめて重いものであったはずである．人類が中世を通じて地球上で滅ぼされることなく生き延びたのはもちろん人類の優れた知恵によるが，そのなかで人工物は象徴的な存在であった．このように，人類にとってきわめて重い意味をもって作り出された人工物と，さらに生存を確実にするために作りたい，しかしいまだ作ることができないでいる人工物に対する期待とが，当時の人工物観を構成する．したがってそれは邪悪なるものとの戦いに代表される生存への努力の中心におかれていたと考えてよい．

近代では科学が登場し，技術は科学に乗って急速に進歩する．その出発は

産業革命であるが，それが動力革命とも呼ばれるように，それまで人力，畜力，水力に頼っていた動力が，蒸気機関などの機械装置に置き換わって，生産効率が飛躍的に伸びる．しかも，それだけでなく，他の多くの技術的基礎が熱力学や流体力学などの体系的，科学的知識に依拠することとなり，それまでの技術進歩が手探りであったのに対し，合理的に進歩の方向を定めることが可能となり進歩が加速されることとなった．

この加速の結果，技術の進歩に質的な変化が起こる．表象や生存の人工物は，長い間その出現が待たれており，ようやく新しい技術あるいは社会の状況の変化によって実現したものであったと考えてよいであろう．長い間の夢が，ようやく実現するのである．ところが科学に依拠する技術を手にすると，それが人々によって求められるかどうかに関わりなく，まず科学によって人工物として構成可能なものが示され，人々はその可能性の中から望みのものを選択するという，過去にはなかった人工物の成立過程が出現することになる．その選択は，生存のために本質的な効果を認識しての場合もあるではあろうが，一般には生存性のような深刻さを持たない利便性を基準として選択する場合が多くなる．この場合は人間の，深刻で本質的な生存欲求の拡大速度よりも，技術の進歩速度のほうが速くなるのであって，技術が夢を生むと言ってもよいであろう．このような状況で生み出される人工物は，「利便のための人工物」と呼ぶのがよいであろう．そして少なくとも先進工業国で20世紀までは確実に，そして現在でもおそらく，社会を支配している人工物の状況は近代以降辿ってきたこの道の上にあると言ってよい．私たちが今，市場に新製品を求める態度は，この利便のための人工物を対象にすることが多いと考えてよいであろう．

このような状況では，人工物観は新しい様相を示すことになる．精神の外化であったり夢であったりした内発的な人工物観は次のような理由によって内発的なものでなくなる．技術的可能性の生存欲求に対しての先行を間接的原因とし，一方作ることの専門化と隠蔽化によってそれが人々の目に触れなくなることを直接の原因として，一般の人々にとっては人工物があたかも自然のように精神と関係なく存在するものになってしまう．このようにして人

工物は単に利便性を持つ，あればよいものとなり，人工物観は自然観の付加的なものになってしまうのである．

人工物の変遷をきわめて概括的に見れば，上述のように，「表象のための人工物」「生存のための人工物」「利便のための人工物」という経過が見える．そしてその経過は，人間のものを作る能力が，知識によって拡大してきたことと重なっている．このことは技術の歴史を考えるうえで重要なことである．特に現在，各国で国費を投入して科学の進展を図り，それを通じて技術の国際競争力を向上させようとしていることが技術の歴史にどのような効果をもたらすのか，という点について関心を持たざるを得ない．過去の人工物観の詳細な歴史も含めこの視点での分析が必要であるが，それは歴史家の作業に任せ，ここではこれらの人工物の背後にあって変遷してきた人工物観が，現代においてどのような変化を遂げるのかを考察しながら，人工物観という視点の重要性を，特に工学の状況を考えるために必要であることに注目しつつ考えることにする．

5. 持続のための人工物 ── 人工物観の復権

人工物を特徴付けるのは機能である．上述のように人工物の変遷を，表象のため，生存のため，利便のためとしたのであったが，これらはそれぞれの時代に人工物に与えた代表的な機能である．人工物の背後に人工物観があるという定義によれば，人工物観とは人工物を作ることによって実現しようとした機能であって，これらの表象，生存，利便がそれぞれ時代の人工物観を代表していると考えてよい．

さて，ここで，現在という時点が，人工物観が大きな変化を遂げる時であるという認識に立つ．それは近代以降，現代までを特徴付ける技術の状況，すなわち技術的可能性が基本的な生存欲求の拡大速度より大きくなったことによる選択範囲の増大が過度に進んだことと関係する．速度差の逆転は生存の確保という状況を離陸して利便の追求という新しい状況を生んだが，その増大がさらに進んで技術的可能性が大きくなりすぎて生存欲求との関係が見

失われてしまうという段階に至り，ついに本来欲求に先導されていた技術的可制御性を失ってしまう．その結果，人類が現代において日常的には意識することがなくなってしまった真の欲求，すなわち生存を，人工物が脅かす状態の出現という，きわめて深刻な問題に人類が直面することになる．しかもこの速度差は地球上の地域によって異なるために，同じ人工物が地域によって異なる機能を持つという難しい状況も出現していることも忘れてはならない．

過去における人工物は，異なる人工物観によって創られたにも関わらず，一つの人工物はそれに対応する表象の，生存の，そして利便の機能をその分だけ自然の機能を増加させるという加算的で調和的な基本的関係を保ち続けたという点では基本的に同質であった．しかし，このように個々に独立であった人工物は，あるとき突然，全体が有機的なシステムとなり，したがって人工物全体の機能が構造を持つようになって加算性が失われてしまう．その結果一つ一つの人工物はそれぞれの人に所有されながら，全体として人間の手を離れてゆく．そして所有状態と関係のない人工物全体の制御という新しい課題を生じさせる．実は持続性という問題が現代において生起したのは，このような状況の直接的帰結である．持続性の喪失については，科学的知識の適用がもたらす持続性の破壊を三つの破綻として別に論じ[11]，また現在の邪悪なるものを定義して，その解決のために「人工物工学」が必要であることを明らかにし，実際にその研究センター[2]もできて研究が続けられているのでここでは省略しよう．いずれにしてもこの状況を回避するためには，目前の利便の追求によって一つ一つ人工物を加えていくという方法を修正することが必要である．

このような状況において，私たちに必要な人工物に対する視点は明らかである．それは個々の人工物を独立にそのものの機能によって作り，あるいは理解するのでなく，人工物の総体をまとめて見る視点が必要ということである．そしてこのことは，人工物観の大きな変化を要請する．

過去の長い歴史において，人工物観は表象，生存，利便と変遷してきたことを述べたのであったが，現在に至ってそれは持続になった．そしてこの利

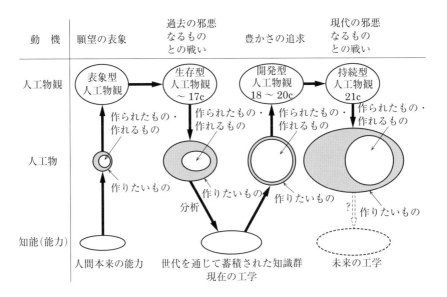

図 1-1　人工物観の歴史的回帰（Atavism）

便から持続への変化を特徴付けるのは，機能から加算性が失われ全体性が現れるという点であった．第 2 節のはじめに，人の人工物に対する思い上がりを指摘したのであったが，その指摘は，人工物の機能が全体性を獲得することによってさらに重いものとなる．人工物の一つ一つは望む機能を実現するものとして人間の作ったものではあるが，人工物全体の機能は人間の手を離れ，人間の望みの機能とは異なるものを持つものとなる．それはあたかも，もともと全体性をもって効果していた自然物と，新しく全体性を獲得した人工物とが類似性を獲得したように見える．このことは，人工物が自然の付加物になることによって人工物観を衰弱させた現代の状況を脱却して，あらためて人工物観を復権させなければならない状況が到来したと言うこともできる．

このことには重要な意味がある．人間は自然の機能を恩恵として享受しながら，しかしその機能を論じることなくその物理だけを分析し，知識を蓄積してきたのであった．その分析の行為が人間の知的行為の中心であり，その

結果私たちの持つ体系的な知識は，物理学を中心としている．そしてそれは，表象，生存，利便の人工物観のもとでは最も確かで有用な知識を提供してきたのであった．それでは，人工物が自然物に似てきたからといって，人工物の物理を知識の体系に付け加えればよいのであろうか．

この方法が不十分であることはすでに述べたとおりである．第一にそれは人工物を理解することにはならないし，現代の目的である持続について何も教えてくれない．今必要なのは機能についての知識である．

このことから，人工物が持続のためのものとなったときの人工物観とはどのようなものかが明らかとなってくる．それは，人工物の総体の機能を考えるというものであり，それは個々の人工物の機能の加算したものではない未知の機能である．しかもそれは，自然物の機能と連続している．したがって持続の実現のためには，自然物の機能と人工物の機能とを一体として対象化し，それに対する操作法を設計しなければならない．

しかも持続の実現とは，利便のための人工物と違って，あればよいというものでなく，実現しなければ人類が滅びるという緊急性を持つものなのである．これはあたかも中世を中心とした，外敵と戦って勝たなければ生きることができなかった状況から生まれた生存のための科学と類似の状況である．しかし外敵は中世におけるような一つ一つが容易に同定される可視的な敵でなく，現在私たちが持っている知識では定義のできない自然と人工の連続した総合的な存在であり，しかもその出現の原因が人類の行動に内在している．中世とはその内容をまったく異にしながら，ここには邪悪なるものとの戦いという，中世を特徴付ける本質と共通した状況が生起しつつあることを私たちは知る必要がある．それはあたかも先祖返り（Atavism）と呼べて，持続のための科学を展開するうえで重要な視点を提供している．ここに，生存のための科学への先祖返りでありながら，自然だけでなく人工物をも含む対象を総体として捉えなければならないという点で，しかもそれらの物理でなく，それらの機能を考えるという点で，未知の研究領域が科学者を待っていることになる．

6. 横断型基幹科学技術の意義

　上述のような研究領域とはどのようなものであろうか．それは物理でなく機能，分析でなく構成，共時態でなく通時態，など，従来の科学研究の方法の変更を要請するものである．しかしここではそれらを直接論じるのでなく，今広く認められる一つの社会的状況に注目しながら，この変更への要請を理解することを試みよう．

　その社会的状況とは，イノベーションへの期待である．イノベーションは，シュンペータ以来，社会の価値体系に影響を与える制度や技術の革新として理解され，経済を中心に，技術開発などでもしばしば議論の対象になっていたものである．ところが世界では最近の10年ほど，日本ではここ2，3年の間に急速に関心が高まり，専門領域の議論を超えて社会一般の言葉となり，日常的に使われる状況が現出した．特に多くの国で，イノベーションが重要な政策課題として取り上げられるようになった．これはなぜであろうか．

　それは専門領域内の問題でなく，個人も，企業も，国家も現実に何かに追い立てられている状況があるからである．個人は日常的な生活や仕事で，ゆっくりした変わることのない日々を送ることを許されず，常に創意工夫を求められているが，努力しても報われない．企業は，大競争時代といわれる中で経営も，管理も，技術も急速な変化の流れの中で，一歩も立ち止まることができない状況に置かれ，ひたすら走っている．国家は国際的にも国内的にも，政治，経済，社会の難問に襲われ続け，新しい着想によって対応することが避けられないことは明らかなのにその方向が見えない．これらの困難の中で，何か現在と違う仕組みがあるはずだと考える．その思考形態はイノベーションである．

　それではこのような追い立てられる状況がなぜ起こったのであろうか．それは，今までは制御する対象でなく，与えられたものであった外部状況が，放置できないほどに変化したからである．第一に，何の配慮も必要としない恩恵であった地球環境が，さまざまな工夫で維持しなければならない対象となった．第二に，対立を克服してついに平和な関係を樹立できたと期待した

国際関係は，その調整がきわめて難しいものであることをあらわにした．第三に，若者の希望と期待を実現する場としての社会や経済は，その硬直性を打破すべき対象となってしまった．そして第四に，現世代の知を次世代に伝達してきた教育は，急速に，そして動的に生み出される現代の知の状況と無関係な行為となってしまった．これらの難問の解決は，従来の思考や行動の延長上にはなく，なにか本質的な変革，すなわちイノベーションが必要である．

　このことから，今私たちが共感のもとで求めているイノベーションは，従来の，シュンペータ以来議論してきたイノベーションとは異質のものであることがわかる．それは，あれば社会が改善されるというものでなく，人類にとって避けるとのできない，しかもその方向が明確に定められたものである．その方向とは，上述の難問の解決にほかならない．これらの難問に共通する特徴は，単一学問領域の中の問題ではないという点である．これには明確な理由がある．地球環境，国際関係，社会経済，教育などは，その基本的枠組みが私たちにとって与えられたものであった．地球環境は考える必要のないものであり，国際関係は大きな変化を求めることはできず，社会経済の基本的枠組みの急激な変化は起こりえず，教育の基本は世代間の暗黙の了解であり変えることは許されない．しかし今，これらの基本的枠組みに不整合が生じ始めている．それらを，戦争や革命あるいは強権によって変えるのでなく，社会の多数の合意によって緩やかに変える方法を探し出す必要がある．言い換えれば，個人，企業，国家の，個々の問題についての新しい着想に基づく努力が，基本的枠組みを全体として好ましい方向へと変化させる方法を発見することが必要なのである．しかもそれは本質的な敗者を生まない連続的な変化でなければならない．

　例えば，産業活動が地球環境に影響を与えることは持続的発展における深刻な問題であるが，それはすべての企業に活動を縮小することを強制するのでなく，個々の企業の固有の努力が，結果として全体的な地球環境を良好な方向へと変化させることが望ましい．このような変化を筆者は産業の重心移動と呼んでいるが[12]，ここで行動者である各企業にとって必要なのは，各

企業の努力が産業全体として持続性の良好な方向への移動に対して貢献するのかどうかを明らかにする指標である．このような指標は検討中であり[13]，完成されたものはいまだないが，この指標を求めることは現代に必要な重要な科学研究の一つであると考えられる．しかしそれは物理化学的知識だけでなく，地球環境，資源，企業経営，経済政策，産業構造などの広範な知識が必要であり，従来の研究の仕組みでは解けない問題である．しかもここには，おそらく人工物観の変化の一つの重要な軸になると考えられる課題，すなわち価値は物，すなわち物理によって決まるのでなく，機能によって決まるという点がある．これは産業の成果をサービスとして統一的に理解することの必要性を示唆しているのであって，製造産業とサービス産業との統一という，直ちに取り掛からねばならない状況があることに気づく必要がある[14]．したがって，これを支える基礎的な知識の創出が緊急の課題である．

　この例でも直ちにわかることであるが，従来の与えられた外部条件を変革の対象として考慮する場合の特徴が見えてくる．与えられた外部条件のもとでの前進は，一つの科学領域の発見，発明によって可能であった．その実現までには，多くの他分野の参加を必要とするが，出発は単独領域の新知識である．ところが従来外部条件と考えられていたものの変革は，どんな領域も単一でその解決のための出発の可能性すら示すことができない．

　このことを人工物観として考えると問題は明解となる．すでに述べたように，現代の人工物観は，人工物の総体の機能，すなわち個々の人工物の機能の加算したものではない機能を対象としている．もし加算が許されるなら，したがってそのような人工物観のもとでの設計は，特定の領域で考えることのできる単独のものを対象にすればよかったと思われる．しかし，新しい人工物観のもとで，この総体を持続可能なものへと重心移動させるためには，もはや目前の一つの欲しいものの機能を概念のうちに構成して設計する態度が適用できないことは明らかであって，人工物総体の機能を設計するという基本的な原則が必要となる[15]．

　このことは決して抽象的な議論でないことを付け加えておこう．目標期限を設定することのできない新エネルギー源の研究や，何十年先の輸送機関の

開発計画などが現実に始められている．まだ決して多くはないけれども，すでに企業を越え，国家も越えて始められているこれらの研究は，間違いなく新しい人工物観に依拠する研究であり，そこでは領域を超えた研究者の協力，すなわち横断型基幹科学技術の思想と方法が不可欠となっているのである．

第2章

コトつくりからシステム統合へ

木村 英紀

1. はじめに――「ことつくり」の由来

「ことつくり」をネットで検索するとそのヒット数はなんと3120万にのぼる.「ものつくり」はその約3分の1の1170万であるから,「ことつくり」はいまや一種の流行語になっているといってもおかしくない.日常会話で「ことをつくる」という表現はあまり使わないから,「ことつくり」は日本語としては奇妙な響きを持つ言葉である.にもかかわらずこれがこのように流布するのは,それが持つ新しい語感のせいだけでなく,人々が今の生活で科学技術に求めている期待が込められているからである.あふれるものに囲まれて暮らしている現代人が,誰もあからさまには声に出していないが感じている「ものつくりの時代の終焉」を象徴する言葉でもある.

最初にこの言葉の出自について述べておきたい.実はこの言葉は横幹連合(横断型基幹科学技術研究団体連合)が作り出したのである.時は10年前,横幹連合が発足したときにさかのぼる.2005年11月に横幹連合は最初の「横幹連合コンファレンス」を長野市で開催した.このときに「コトつくり長野宣言」を発し,「ものつくり」に代わる「コトつくり」の重要性を訴え,「コトつくり」を横幹連合の活動の指針とすることを宣言したのである(付録

2-1).「こと」ではなく「コト」としたのは，日常的に使われている代名詞としての「こと」ではなく「もの」に対応する「こと」であることを強調したかったからである．以後の流通過程では「コト」が定着したようであるが，今から思うと，「ものつくり」に対応させるにはむしろ平易なひらがなの「こと」のほうがよかったかもしれない．コンファレンス事務局の信州大学の先生方のお計らいで地元のマスコミに宣伝していただいたこともあって，宣言発表の記者会見にはかなりの報道関係者が集まったように記憶している．図2-1 は毎日新聞に出た関連するコラム記事である．「コトつくり」という言葉の持つ目新しい響きとそれが表現する技術の新しい波への予感が，若い新聞記者の研ぎ澄まされた感性に触れたことが述べられている．

IT 用語辞典にも「コトつくり」は取り上げられ詳しく説明されているが[1]，そこではこの言葉の創始者は当時の花王社長の常盤文克とされている．おそらく常盤の著書『コトづくりのちから』[1] がその根拠となっていると思われるが，この本の出版は 2006 年であり，横幹連合の「コトつくり宣言」のほうが 1 年早い．常盤はおそらく本が出版される前からこの言葉を使っておられたのであろうが，公的に世に現れたものとしては横幹連合のほうが早い．わずかの時間差を争うつもりはないが，横幹連合の名誉のために一言述べておく．なお，常盤氏には横幹連合の姉妹団体である企業連合体「横幹協議会」を積極的に支援していただいた．

図 2-1 毎日新聞 2005 年 11 月 9 日朝刊での科学環境部・元村記者によるコラム（毎日新聞社提供）

2. 「融合」と「統合」ブーム

宣言の内容については付録2-1をご覧いただきたいが, 「宣言」ではその前文に次の注釈がある.

> 「コトつくり」とは, ものの形だけでなくその「機能」およびその機能を「創造するプロセス」を重視し体系化していくことである. そのためには, 必然的に細分化されていく個別分野の「知の相互関係を探求」すること, 個々の知見の中から普遍的な原理を抽出して「汎用的な知へ拡大する仕組み」を構築することが必要である. そしてその結果として, 社会的課題の解決に役立つ真の「知の統合」を実現することである.

コトつくりの科学的, 学術的な基礎は**知の統合**にある, と述べ, それを推進する学術団体が横幹連合である, と宣言しているのである.

学術の世界で異分野の**融合**の重要性が叫ばれだしたのはすでに1990年代の初めからであるが, その原流はそれよりはるかに前から「境界領域」や「学際研究」の振興を求める声として存在していた. これらの声は, 後述する日本の科学技術の「タコつぼ化」した現状への批判として根強い共感を得ていたが, それが実際の科学技術の現場での実践まで踏み込んだ議論や施策までには至らず, 掛け声倒れに終わっていた感が強い. 90年代になると, 「境界領域」や「学際研究」の形が変わった「異分野交流」の重要性が叫ばれるようになった. そして, 科学技術の進歩に伴って避けることのできない「細分化」の負の側面を補うための「融合」がキーワードとして急速に広まった. 「融合」を理念として掲げる研究組織や研究プロジェクトがさまざまな形で生まれ, 実際に「融合」を名称に含むプロジェクトや研究組織が全国各地の研究機関で次々に生まれた. 1998年に発足し筆者も一時所属していた東京大学の新領域創成科学研究科は「学融合」を旗印にしている. 「融合」を組織名に含むものとして, 例えば, 京都大学に「国際融合創造センター」が2001年に設置されている. また, 千葉大学に「融合科学研究科」が2007年に設

置されている．「融合」は一時期科学技術コミュニティの流行語であったと言ってよい．

　しかし，筆者には「融合」という言葉には最初から違和感があった．それぞれの学問分野はきちんとした原理にもとづく論理体系があり，それが他の分野の刺激を受けて拡大発展することはあっても，他の分野と「融け合って」その体系が別のものに代わってしまうことはあり得ないのではないか，学問の体系性はそんなに融通無碍，あるいは「やわな」ものではないのではないか，と思っていたのである．そのようなことが起こるにしても，よほど大きな知の世界の地殻変動が起こった場合に限るのではないか，と考えていた．

　ただし，その当時「融合」という言葉に人々が何をイメージし何を期待していたかは実ははっきりしていない．1998年にマイケル・ギボンズの著書『The New Production of Knowledge: The Dynamics of Science and Research in Contemporary Societies』が邦訳され[2]，そこで紹介された「モード2の研究開発」が科学技術の世界では大きな関心の的となった．「モード2の研究」とは，従来型の個別学問の手法に従った課題の解決ではなく（それを彼は「モード1の研究」と呼んだ），個別の研究領域の方法論を超えそれらを結びつける領域越境型の科学であり，実世界と深い関連を持つ問題を発見し，その解決を目指す学問のことである．「領域越境型」の科学はそれぞれの学問が他の分野と連携しあって，その意義を高めていくことであり，「融合」とはむしろ反対の志向である．にもかかわらず，モード2の研究と「融合研究」を重ね合わせて考えていた人は多いし，モード2の研究にはまず学問の融合が必要である，という議論は当時何度か耳にした記憶がある．「文理融合」という言葉もそのころから頻繁に人々の口に上り始めた．

　先に述べた「領域越境型」は英語のtransdisciplinaryの日本語訳である．横幹連合の英語名にもこれが使われている．これを私たちは「融合」ではなく「統合」と表現した．「統合」と「融合」は同じことではないか，と言う人も多いが，私たちにとってはおおいに違うのである．一言で言えば，融合は統合の一種ではあるが，逆は真ではない．

　科学技術の長い歴史で本当の意味で知の融合と言えることが起こったケー

スはそれほど多くない．19世紀の終わりから20世紀の前半にかけて，数学の基礎についての新しい研究領域が数学と論理学の境界領域で生まれた．日常の言語の構造と意味を分析する論理学の文脈で数学はどのように基礎づけられるか，というきわめて基本的な問題である．誤解を恐れずあえて単純化すれば，数学は論理学の一分野でありえるかどうか，という問題であると言ってもよい．ヒルベルト，ヴィトゲンシュタイン，ゲーデル，チューリングなど多くの研究者が重要な成果を残し，現在の計算機科学にも大きなインパクトを与えた分野である．数学基礎論はこうして生まれた新しい分野であり，これは明らかに数学の一部と論理学が「融合」して生まれた分野と言ってよい．あえて言えば，「理」の数学と「文」の論理学による「文理融合」の典型例と言ってもよい．そしてそれはまさしく，数学と論理学の「知の統合」でもあった．

　もう一つ，日本人が大きな役割を果たした分野を挙げよう．自然人類学と文化（社会）人類学の融合（統合）である．サル社会の観察と分析を通して両分野の手法が融合し，数々の新しい成果を生み出した．日本では今西により「棲み分け進化論」が提起され，評価は分かれるが当時さまざまの学問分野に大きなインパクトを与えた．日本独自の霊長類学の手法を確立したと言ってよい．これも「文理融合」の一つの例である．

　肝心の知の統合に話を戻したい．横幹連合の主張がどのように受け止められたかは別として，「統合」は次第に科学技術の世界で使われるようになった．日本学術会議は最近では研究費を獲得するための組織になってしまったような感がある．それもかつてのような大きな研究所の設立を勧告するような壮大なビジョンは後退し，会員個人が計画する小さなプロジェクトにお墨付きを与えるような活動が行われている．しかし，数年前までは高邁な学問論が盛んであった．「知の統合」はそのなかでも大きなテーマであった．筆者も会員，あるいは連携会員としてその議論に参加した．2007年に筆者も幹事として参画した「科学者コミュニティと知の統合委員会」は知の統合を次のように定義している[3]．

異なる研究分野の間に共通する概念，手法，構造を抽出することによってそれぞれの分野の間での知の互換性を確立し，それを通してより普遍的な知の体系を作り上げること．

　この定義は今から思うとすこし狭すぎる．「知の互換性」とは，Aという分野で使われている考え方（概念・手法・構造をひっくるめたもの）を学ぶことにより，それと考え方を共有しているBという分野の理解に役立ち，しかもBだけの知識よりも「高次」の知識の体系に到達できることを示している．このような例はたしかに多い．例えば，熱力学のエントロピー概念が確率の導入により通信理論に使われたことはその一つである．通信理論に拡張されることによりエントロピーの概念はさらに豊かになり，概念的な深さも増した．電気回路と同じ構造が流体や弾性体など力学現象にも成立することはよく知られているが，これも知の統合の一つの例であろう．

　このような大きな例だけでなく，数学の結果を理学や工学の現実の問題に応用するときには常に上記のような知の統合が必要となる．数学的な構造を現実の問題から抽出することが必要になるのである．筆者自身の研究でも，制御理論のある問題を解くために，古典的な補間理論を応用した経験がある．すでに80年以上も前に確立され人々の記憶にもほとんど残っていない忘れられたような，しかし大変エレガントな数学の結果が，制御のかなり複雑な難問にほとんど直接的に適用できることを知ったのは驚きであった．実はそれを機に筆者がやろうとしていた制御理論の分野は，補間理論がその後発展して構築された作用素論に結びつき，理論的に大きな発展を遂げた．

　知の統合の意義を理解するには現象の数学モデルを考えればよい．同じ数式で記述されるとしたら，それは知の互換性が成立したことになるのである．変数やパラメータの意味を変えることにより各分野の知の互換性が成立する．数学はしたがって知の統合の最も強力な武器であると言ってよい．

　しかし知の統合にももう一つの重要な側面がある．各分野で得られた知を組み合わせて課題を解決し，それを通してより大きな知を作り出すことである．この場合は，それぞれの分野の知の互換性が問題になるのではなく，そ

れぞれの知が互いにその意義と価値を認め合って互いに利用しあうこと，すなわち**知の相互流通性**が問題となる．組み合わせられた各分野の知は，より大きな知の部分を構成する．ただしそのためには，異なる分野の知を結びつける媒介となる課題と方法論が必要である．前述の学術会議の定義に加えて，もう一つの知の統合の定義を次のように提案したい．

「異なる研究分野の知を組み合わせることによって社会的な課題を解決し，各分野の知の間の相互流通性を確立すること．」

前述の学術会議による定義が学術内部の知の統合を表現したものであるとすれば，上の定義は学問が社会的な課題を解くために適用される場における知の統合を定式化したものであると言ってよい．

前述の数理モデルとの類推で言えば，話はより具体的になる．関連分野のそれぞれの知を表す対象のモデルが数式で与えられているとすると，それらが結びついてさらに大きなモデルができあがったとき，知の統合が起こったと言ってよいであろう．モデルが結びつくためには各モデルの状態変数やパラメータの間の相互の影響が定量化されなければならないことは言うまでもない．モデルに即して言えば，「知の相互流通性」はこのことを意味している．ただし，分野の異なる知はそう簡単に結びつくものではない．結びつくためにはそれぞれの分野の論理や価値体系を超える統合の論理が必要である．それは，それぞれの分野の知とかかわってきた別の分野の論理か，あるいは課題解決の必要性から生じた新しい手法の出現などさまざまなケースが考えられる．すでに述べたギボンズの「モード2の研究開発」は，このような形で知の統合が進行しつつあることをあらためて示したものと言える．

3. システム構築としての知の統合

分野横断的な「知の統合」の具体的な方法を模索しているとき，筆者は科学技術振興機構（JST）の研究開発戦略センターで「システム科学ユニット」のリーダを務めることになった．当時，理研の脳科学総合センターとトヨタ自動車の連携センターのリーダとして多忙な毎日を送っていた筆者が，この

役職を喜んで二つ返事でお引き受けしたのは「知の統合」と「システム」が直感的に結びついたからである．そのとき感じたのは「知の統合」が必要になる理由はシステムを構築するためである，ということであった．当時すでに「システム統合」という言葉は使われていたように思われる．英語では System Integration である．しかし，知の統合と関連づけられていたわけではない．例えば，計測自動制御学会には「システムインテグレーション部門」が2000年に創設されているが，その核となったのはロボット研究であり，部門の名称も「統合」ではなくカタカナの「インテグレーション」が使われている．

　システムという言葉は日常的にも頻繁に使われる言葉である．われわれはシステムに取り囲まれて生きているからである．われわれが使う工業製品はいずれも高度のシステムである．われわれの生活を支えるエネルギー供給や交通，通信，流通，防災，などさまざまのインフラもすべて地域や国，場合によっては世界に広がるシステムである．現代は「システムの時代」であると言ってよい．しかし日常の使用を一歩超えて，学術用語としてシステムとは何か，とあらためて問いかけると，それに答えることは簡単ではない．このような例は外来語によくある．「パターン」や「シナリオ」はその例である．漢字であればある程度意味は限定されるが，カタカナだと感覚的に使う場合が増え，その範囲が際限なく広がってしまうからである．だから，言葉でその定義をしようとしても，そこに収まらない使用法が出てくるのである．それでもいろいろな人がシステムとは何かを考え，それなりに定義を試みている．その定義ははっきり定義として文献に記されているだけでも 30 以上ある，という話を聞いたことがある．「システム科学ユニット」でも何はともあれシステムの定義を模索した．一般的な定義というよりは，知の統合を念頭に置き「システムの時代」の科学技術の特徴とよく結びついた定義を求めた．多くの学識経験者の意見もうかがった結果，次のようなシステムを定義することにした．

　「システムとはある目的を達成するために機能要素が適切に結びついた複合体である．」

さらっと読めば当たりさわりのない普通の定義のようであるが，実はいくつかポイントがある．
　まず「目的を達成するために」という最初の前提である．要素が単にばらばらに結びついているのではなく，一つの明確な目的を達成するために要素と結びつきがある，という主張がこめられている．この定義では，宇宙システムや地球システムなど自然に存在する明確な目的を持たないシステムは考慮の外においている．
　機能要素が適切に結びついたものである，という部分にシステムの核心がある．システムの要素を単に「要素」とせずに「機能要素」としたのは，要素自身が独立した機能を持ち，全体の目的に貢献していることを強調したかったからである．「適切に結びついた」という言葉が重要である．ここにシステム構築の核心がある．「結びつき」には空間的な要素の結びつきと時間的な要素の結びつきがある．空間的な要素の結びつきとは，部品が組み合わせられて一つのシステムを構成することであり，通常の工業製品はすべて要素を空間的に結びつけたものである．このようなシステムをわれわれは「プロダクトシステム」と呼ぶ．一方，会計管理や病院の診察システムのように，いくつかの手順が時間的な系列で結びついているシステムもある．これを「プロセスシステム」と呼ぶ．製造工場でいえば，プロダクトシステムは製品であり，プロセスシステムは工程である．現実のシステムは，プロダクトシステムとプロセスシステムの両方の側面を持つ．例えば鉄道は，駅や線路，列車，送配電網などの要素が空間的に結びついたプロダクトシステムであると同時に，列車の運行計画という典型的なプロセスシステムによって運用されている．プロダクトシステムはハードがシステム要素の中心を占めるが，プロセスシステムはソフトウェアが手順，すなわちソフトが要素の中心となる．「プロダクトシステム」と「プロセスシステム」の分類は，「システム」という幅広い捉えどころのない言葉をより体系的に理解する糸口になるであろう．
　上記のシステムの定義は，知の統合の一つの具体的な姿を示唆している．システムの各機能要素を作るためには科学技術のさまざまの分野の知（以下「分野知」と呼ぶ）が必要である．例えば自動車を例にとると，エンジンを

作るためには燃焼，鋳造，流体などに関する工学技術が必要であるし，ボディを作るには材料やプレス機械，塗装などの工学技術が必要である．それらの知が自動車というシステムを通して統合されている．すでに述べた知の統合の定義を持ち出すまでもなく，それぞれの機能システムに体現された分野知は，互いに他を必要とし利用しあうことを通して知の相互流通性が成立している．こう考えると知の統合はシステムを構築することによって実現すると考えられる．一部の人々から，抽象的で中身のないお題目にすぎないと言われ続けて来た知の統合の議論の舞台にシステムを登場させることによって，その具体的なイメージが与えられ実行可能な指針が提起されたことになる．

しかし問題はこれからである．世の中にはすでにたくさんのシステムがあり，われわれはそれに取り囲まれて生きている．システム構築が知の統合を体現するのであれば，知の統合はすでに実現されており今さら強調するまでもないことになる．もちろんそうではない．

われわれのまわりのシステムを見てみよう．そのなかで本当によくできたと言えるシステムはどれくらいあるであろうか？　おそらく満足できるシステムよりも不満を感じるシステムのほうが多いのではないだろうか？　つまりわれわれは「よいシステム」と「悪いシステム」を類別しなければならないのである．知の統合はシステムの構築として実現されることを述べたが，正確には「よいシステムの構築」によって実現されると言わなければならない．逆に言えば，知の統合が実現することによって「よいシステム」が構築されるのである．

それではよいシステムとは何か？　思いつくままにいくつかの条件を挙げてみよう．

① 機能が十分発揮されている（ユーザーにとって大きな価値がある）．
② 多くのステークホルダーが満足できる．
③ 各要素の機能が十分活用されている．
④ 信頼性が高い．
⑤ 保守が容易である．
⑥ 環境変動に対する適応度（持続可能性）が高い．

⑦　運用の拡張性（スケーラビリティ）が高い．
⑧　システムの構造が合理的で説明しやすい．

　こうして条件を挙げてみると，それをすべて満たすよいシステムは世の中にはほとんどないことがわかる．おそらく上記の8項目のうち半分以上が満たされていれば，現存のシステムの水準では「よいシステム」と呼ばなければならないだろう．逆に上の条件を半分も満たしていないシステムは「悪いシステム」，あるいは「よくないシステム」である．こうして条件を挙げてみると，よいシステムを構築することは容易ではないことがわかる．少なくとも高いレベルの知の統合が必要である．もう一度システムの定義を思い起こそう．

「システムとはある目的を達成するために機能要素が適切に結びついた複合体である．」

　ここでよいシステムと悪いシステムを分けるのは「機能要素が適切に結びついた」という部分である．「適切に」の度合いがシステムのレベルを決めるし，知の統合はこの部分にかかわっている．相互流通性を持った分野知が適切に結びつくには，分野知を媒介する概念，手法，ツールが必要であり，それを基盤として支える科学技術がなければならない．それをシステム科学ユニットでは「システム科学技術」と呼んだ．システム科学ユニットが発刊したシステム科学技術の領域俯瞰報告書によると，次の7分野が「システム科学技術」の主要分野として提示されている[4]．

(1)　システム構築方法論
(2)　モデリング
(3)　制御
(4)　ネットワーク
(5)　最適化
(6)　複雑システム
(7)　サービスシステム

　これらがシステム構築のときに必要とされる基盤的な科学技術であることは納得される方も多いだろう．これらの科学技術が提供するさまざまのツー

ルや概念や手法が，要素が「適切に」結びつくのを助け，システムの能力を大きく増進している．これらはご覧のように横幹科学技術と重なり合う部分が多い．

4. 「もの」と「コト」を統合するシステム統合

　システムにはハードが主体になるプロダクトシステムと，ソフトが主体となるプロセスシステムの二つのカテゴリーに分かれることを述べた．これをさらに広く捉えると，部品をものとして空間的に組み合わせてできあがるプロダクトシステムは「もの」が主体であり，手順や判断を時間的に組み合わせてできあがるプロセスシステムは「コト」が主体であるといってよい．逆に「もの」はプロダクトシステムとして存在し，「コト」はプロセスシステムとして存在する，と言い換えてもよい．すでに述べたように，実際のシステムはプロダクトシステムとしての側面とプロセスシステムとしての側面が共存し，分かちがたく結びついている場合が多い．システムを作るときはプロダクトシステムとして構成するが，できあがったシステムの運用ではプロセスシステムとなる場合は多い．現在のシステム構築では，最初から運用も十分考慮に入れて設計を行うことが要求されている．それ以上に，システムのライフサイクル全体を視野に入れたシステム構築を行う場合が，システムの「価値」を総合的に評価するうえで不可欠であると言われている．プロダクトシステムはプロセスシステムを考慮に入れて構築されなければならないし，プロセスシステムはプロダクトシステムの制約のもとで構築されなければならない．

　プロダクトシステムとプロセスシステムの結びつきは「もの」と「コト」の結びつきを意味する．「システム統合」という言葉がだいぶ前から使われていることはすでに述べたが，これは「ものつくり」と「コトつくり」の統合であると考えると理解しやすい．両者の統合の度合いも，作られたシステムがよいシステムであるかどうかを決める重要なポイントであると言ってよい．

身近な例を一つ挙げよう．手術ロボットである．この分野ではアメリカのダ・ヴィンチが他の追随を許さない強みを見せ，技術的にも圧倒的な優位を誇っている．手術ロボットの要素は，スレーブマスター式ロボットアーム，内視鏡，鉗子などアームが操る手術機器，モニター，手術者が入る手術室，患者のベッドなどである．これらが組み合わさってプロダクトシステムとしての手術ロボットを構成する．しかし，それだけではもちろんない．アームと内視鏡を自由自在に制御する制御器，手振れを防ぐフィルター，画面を拡大縮小する映像装置などさまざまな制御装置が備えられている．これらは手術の進行とともに作動するプロセスシステムを構成する．プロダクトシステムとしてのロボットには機構学や電動機，計測，光学，材料，制御などの分野知が統合されている．実行される手術を運用するプロセスシステムには手術の手順と判断のプロトコルが必要であるが，そこで主役を演じるのはもちろん臨床医学と看護学である．ここで忘れてはならないことは，手術ロボットを使う医師のための教育訓練システムである．ダ・ヴィンチの場合はこれがセットとなって販売され，教育訓練システムを使って少しずつ熟練したユーザーを増やしていったことが販売成功の一因とみなされている．プロセスシステムは術式の規格化にとどまらず，教育訓練システムまで含む統合化がなされたことを忘れてはならない．このようなエンドユーザーの使用まで視野に入れてシステムを構成することは今ではそれほど珍しくなく，むしろ当たり前になっている．コトつくりはまさにこのことに関連している．今流行している「バリューチェーン」の重視もこのことを主張している．ダ・ヴィンチが使われ始めた今世紀初頭にすでにこの考えを実行したのは，ダ・ヴィンチ開発者の慧眼によるものであると言ってよい．

5. 日本の問題

　最後にこれまで述べてきたことを日本の現実に即して振り返ってみたい．前節で述べた「よいシステム」「悪いシステム」の評価軸のもとで，日本にあるさまざまのシステムを評価するとどうなるであろうか？　おそらく典型

的なプロダクトシステムである工業製品は，優秀なシステムが多いことは衆目の認めるところであろう．最も問題の多いのは，自然発生的な出自が付きまとい，プロセスシステムの特徴が優位な社会システムであろう．社会保障（特に年金），経営，インフラ，金融，防災，農業，医療など，日本の社会システムの遅れは，上記の「よいシステム」の視点から見ると顕著である．ここでは省略せざるを得ないが，上記諸分野におけるシステムの問題点を述べればそれぞれ1冊の本になるであろう．

「システムの時代」に日本によいシステムが少ないことは日本の大きな問題である．なぜ日本ではよいシステムを作るが難しいのか，これはおそらく日本の文化にかかわっている．資本主義社会ではシステムを作るのは最終的には産業界（企業）である．したがってこの問題は産業技術に帰せられる面が多い．これについては筆者が2009年に論考したが[5]，そこでの論点は当時のまま残っていると思う．ここでその全体を論じるのは避けたいが，一つだけ述べておきたい．

日本人は伝統的に職人が好きである．士農工商の序列では工の職人は農の農民より下であるが，日本人の深層心理では明らかに逆であろう．下層農民には水呑百姓という蔑称があるが，下層職人にそのような蔑称はない．それだけでなく，世渡りが下手でひたすら自分の腕を磨くことに執念を燃やす職人を日本人は好きである．そのような職人の技術は「匠の技」として尊重される．幸田露伴の小説『五重塔』は，そのような日本人好みの一徹者の職人を描いた傑作である．

多少論理が飛躍するかもしれないが，このような職人を尊重する日本人の心性にぴったり合うのが「ものつくり」という言葉である．「ものつくり」という大和言葉は「町つくり」「人つくり」など数多くの「つくり」を超えて唯一つ公用語となったが，その背景には，「匠の技」を愛する日本の伝統がある．このような伝統的な日本人の心性は多かれ少なかれ現代の日本の技術者にも引き継がれている．技術の広さよりも深さにより大きな評価を与え，製品がどのように使われるかよりも製品をどうつくるかのプロセスを重視する．「製品が売れるか売れないかを考えるのは営業の人間で，われわれ

技術者はよいものを作ってさえいればよい」と考える技術者は多い．その深層心理は「匠の技」崇拝と結びつく，というのは言いすぎだろうか？　そして，日本の文系優位の企業社会，技術者が経営者になりにくい日本の風土を生んだのではないだろうか？　もちろん筆者はこのような技術者の技術への執着心を直ちにマイナスと評価するつもりはない．このような技術者としての強い職業意識が日本の要素技術の優位性を確立するうえで大きく貢献したことは間違いない．

　このような技術者が狭い意味での技術に閉じこもろうとする傾向は，要素技術偏重とシステム技術軽視へと日本の技術文化を誘導した．90年代に始まった「ものつくり路線」はその傾向を後押ししたが，幸いなことに少なくとも80年代半ばまでは産業技術の世界はまだ要素技術優先の時代にあった．技術レベルが製品の価値を決める最も大きな要因であり，商品の付加価値は製品の性能にあった．素材と部品に現れる日本の要素技術のレベルの高さは日本の製造業を世界一に引き上げた．その成功体験がわが国のものつくり路線を揺るぎないものとして定着させたのは結果として大変不幸であった．世界の技術がものつくりを脱却してコトつくりに向かい始めたときに，日本は世界に背を向けてものつくり路線を強化しようとしたのである．

　「コトつくり」の弱さに関して，「匠の技」と並んで日本文化についてもう一つ指摘しておきたいことがある．それは日本人の「縦型志向」である．日本人は同質の組織を好み，人間関係の規範を同質社会の上下関係におく傾向が強い，ということである．この説は50年前に東京大学の中根千枝によって提示され大きな反響を生んだ[6]．日本文化の顕著な特徴として受け入れるべき卓見である．大学におけるたて社会の表れとして「タコつぼ型研究」がやり玉に挙がったのである．ひとつの専門領域に閉じこもる傾向が強く，異なった研究分野の間の壁が高いことを揶揄する言葉であるが，この言葉が本稿の冒頭で述べた学際研究や境界領域の強調につながったのである．「タコつぼ型研究」は知の統合の対極にある．知の統合は異質のものを受け入れ，異質なものとの交流を通して自分の資産を膨らませようとする心性を基盤としている．であるから「縦型志向」「タコつぼ型研究」は知の統合にとって

は障害となる．

　「匠の技」と「たて社会」は日本の文化の深部に根差した日本人の代表的なエートスであり，それらが知の統合やコトつくりにとってマイナスになるからといってそれを日本人が簡単に脱ぎ捨てられるとは思わない．このことを思うと，日本でコトつくりがこれまで遅れてきたのはある意味では当然のことである．これまでわれわれはコトつくりの重要性を叫び，それに呼応しない日本の科学技術の世界に警鐘を鳴らし続けてきた．おそらく今後は，「匠の技」「たて社会」で代表される日本の社会にマッチしたコトつくりと知の統合を進めていかなければならないだろう．横幹連合の挑戦課題である．

6. おわりに——システム産業の創出を

　「コトつくり」から「システム統合」まで，横幹連合の理念の進化について私見を述べて来た．本稿を結ぶにあたって，これらの理念を実社会に照射するときに見えてくる一つの現実を述べ，読者の皆様のご批判を仰ぎたい．

　日本の産業技術は，各産業分野にほとんど隙間なく有能な分厚い研究者技術者の層と，高いレベルの課題をこなす技術力の蓄積がある．このような国はほかにはドイツがあるくらいである．しかし，最近の技術の大きなパラダイム転換とともに一つの欠落が顕在化してきた．それはシステム産業がきわめて弱体である，という事実である．この場合のシステム産業とはソフトウェアの分野ではない．すでに述べてきたシステム構築を担うことのできる企業群である．海外ではエネルギーや水などの分野でいわゆる「メジャー」と呼ばれている超大企業は，そのコアコンピテンスはシステムを構築する力であると言ってよい．ウォルマートやシアーズなどの小売業の超大企業も，その付加価値の源泉はシステムの構築能力にある．土木工事から出発して今や各方面にビジネスを展開し巨大企業に成長したベクテルも，システムが売りである．もちろん，ソリューションビジネスに変身したIBMは，象徴的なシステム企業である．これらの企業には第3節の終わりで述べた横幹科学技術あるいはシステム科学技術の分厚い専門家集団を抱えている．彼らの多くは

博士号を持っている．日本でも一部の企業はシステム企業に向けた方針転換を行いつつあるが，その変化のスピードは速くない．システム産業の欠落は日本の産業界にとって大きな弱点となりつつある．例えば，現在巨大なマーケットを形成しつつある途上国のインフラ建設で日本の企業は苦戦を強いられている理由の一つが，ハードとしてのインフラだけでなく，その保守管理運用まで全体をシステムパッケージとして応札する力が日本の企業には弱いからである．

　システム産業の欠落は，システム化の学術基盤である横幹科学技術が欠落していることの反映であるかもしれない．この場合「欠落」は研究が存在しないことを意味するのではなく，その分野が尊重されず，課題解決に動員されていない，ということを意味する．システム産業を日本に根付かせるにはどうしたらよいかは難しい問題であり，筆者の能力をはるかに超える．横幹連合の課題としたい．

付録 2-1

コトつくり長野宣言

平成 17 年 11 月 25 日
NPO 横断型基幹科学技術研究団体連合

前　文：
　深刻化する地球環境問題をはじめ安心・安全な社会の実現が求められるなど，現代社会は様々な問題を抱えており，その対処には多くの相矛盾する課題の解決が必要である．また，わが国において少子高齢化が進行し，ものづくりの面で発展途上国から急速な追い上げを受けるなかで，新たな価値創造の基盤を確立することが急務となっている．
　これらの問題解決には，横断的視点に立った知の統合が不可欠であることは誰もが認めるところである．しかし，掛け声のみで，それを具体的に実現する戦略と施策を欠いている．そこで文理にまたがる 43 の学会が横断型基幹科学技術研究団体連合（横幹連合：おうかんれんごう）として結集し，発足以来この問題に学のサイドから取り組み，文科省政策提言プログラムなどいくつかの提言を行ってきた．このような形での異分野に属する学会の連合を通した知の統合の試みはわが国では過去に例のない初めてのものであり，国際的にも新しい動きとして注目されている．
　本日この地長野で，これまでの成果を問う第 1 回横幹コンファレンスを開催し，知の統合の新たな戦略目的として「コトつくり」を提唱する．これこそ日本の科学技術が再び世界におけるリーダシップを取るための出発点となるものである．
　「コトつくり」とは，ものの形だけではなくその「機能」およびその機能を「創造するプロセス」を重視し体系化していくことである．そのためには，必然的に細分化されていく個別分野の「知の相互関係を探求」すること，個々の知見の中から普遍的な原理を抽出して「汎用的な知へ拡大する仕組み」を構築することが必要である．そしてその結果として，社会的課題の解決に役立つ真の「知の統合」を実現することである．
　横幹連合は，わが国の科学技術におけるコトつくりの重要性を訴え，その振興に力を尽くすことを以下のように宣言する．

宣　言：
1. 知の統合に向けた学問の深化とその推進
　横幹連合は，人類が蓄積してきた知を社会的価値として活用するために知の相互関係を探求し，専門分化の寄せ集めではない真の知の統合を実現するとともに，統合の手法を体系化し，新しい学問領域の創生を目指す．

2. 横断型基幹科学技術を活用した社会問題解決
　横幹連合は，既存縦型研究分野ならびに産業界と連携し，知を統合し活用するための横断的視点に立った具体的方法論を確立する．例えば「リスクの計量化・可視化と制御」，「人と機械の共生」などに関して，文理にまたがる学会が協力し，これまでにない大きなスケールで問題解決の道筋を明らかにする．

3. 知の統合を推進・定着させるための人材育成
　横幹連合は，俯瞰的視点を持って科学技術をマネージできる人材，横幹科学技術をベースとした新産業創出を主導できる人材の育成に向けた人材教育強化プログラムを提案し，関連学会や関連大学との連携により，その実現を目指す．

以上

第3章

コトを測る

出口 光一郎

1. はじめに

「測る（センシング）」とは，世界／外界から得られる何らかのデータを，法則，すなわち，そのデータが何にどう由来するかを表すモデルにあてはめることで，そのデータが発せられた状態を定量的に理解することです．すると，一方では，測るということは世界／外界に高度に依存した行為でありながら，一方で，このモデルの構成の仕方や書き方しだいで，世界／外界を特定の視点から眺め評価する技術になり得ます．

ただし，「モノ」を測るときは，物理的な法則という原則が支配します．例えば，あるモノを2人で分ければ，重さは半分ずつになります．しかし，「コト」を2人で分かち合うときは，半分になるどころか総量がもとよりずっと大きくなることがあり得ます．「コト」では，この「由来を表すモデル」を恣意的というか，物理法則から外れたところで構築することができるからです．

本稿では，いわば恣意的にコトのモデルを組み上げる例を見ていきます．そして，それをもとに，コトを測る，あるいは，定量化ということを，情報の流れを捉えるという立場から見直してみようとするものです．ここでは，

「測る＝情報を得る行為」とし，その行為による情報の獲得度合の良さを，対象の状態に関する情報量という量で評価します．すなわち，ある行為をとると，対象の状態のあいまいさがどれだけ減少するかを評価します．また，ある行為があるコトを生み出しているとして，その寄与は情報の流れから見てどの程度の影響力があるだろうかを評価します．

以下では，二つの例をもとに，この考え方について論じます．

2. コトを測る——情報量と情報エントロピー

情報としてコトを捉える —— Dさんの天気予報

S市在住のDさんはアマチュア気象予報士であり，彼独自の方法により明日の天気を予測します．その方法によると，S市の北側のI岳に雲がかかることと明日の天気には相関があるそうです．

ここで，x_1＝「晴れ」，x_2＝「晴れない（曇り，雨，雪，…）」，o_1＝「I岳に雲なし」，o_2＝「I岳に雲」と，それぞれの事象を記号で表します．これらの2組の事象をそれぞれまとめて，$X = \{x_1, x_2\}$，$O = \{o_1, o_2\}$とも表しておきます．

すると，過去10年間にわたる統計により，それぞれの起こる確率は，

$$P(x_1) = 0.4, \quad P(x_2) = 0.6, \quad P(o_1) = 0.5, \quad P(o_2) = 0.5$$

だそうです（$P(x_1) = 0.4$は，S市で晴れる（x_1である）確率が0.4である，などを表します）．

明日の天気とI岳の雲の関係はどうなっているかを見てみます．同じく，10年間の統計で，次の表が得られています．

		I岳にかかる雲		
		o_1（なし）	o_2（あり）	$P(x_i)$
翌日の天気	x_1（晴れ）	0.32	0.08	0.4
	x_2（晴れない）	0.18	0.42	0.6
	$P(o_j)$	0.5	0.5	1

$P(x_i)$, $P(o_j)$ の欄は，先に述べたそれぞれの確率です．x_i と o_j の交差する欄は，それぞれが一緒に起きた，例えば，I 岳に雲はなく，翌日晴れたという確率 $P(x_1, o_1) = 0.32$ であった，などを表します．

ある事柄が起こりにくいということは，「そのことが起きるという情報」が大きい価値を持つということになります．どれくらい起こりにくいか，すなわち，どれくらいの情報として価値を持つのかは，その起こりにくさをもとにして，「情報量」という値で定義されます．

M 個の出来事のうち何事かがある確率で起こることを，$X = \{x_1, \cdots, x_M\}$ という M 個の値の集合（上記の天気予報の例では，$M = 2$ でした）で表して，そのうちの一つの値 x_i が出現する確率を $P(x_i)$ と表します．x_i という値そのものには意味がなく，$P(x_i)$ が大きいほど i 番目の状態が起きて，x_i という値が生じやすいということを表します．では，この「起こりやすさ」と「情報」との関係を見てみましょう．情報の価値は，わからなかったことをどれだけ解消するかにあります．わかりきったことを聞いても情報にはなりません．つまり，起こりにくいことほど情報には価値があり，起こりやすいほどわかりきったこととなります．そこで，この確率の逆数（すなわち，起こりにくさ）から，情報量と呼ばれる次の量が導かれます．

$$I(x_i) = \log_2 \frac{1}{P(x_i)} \tag{3・1}$$

この量の持つ意味については，たくさんの解説があります（[1][2]など）．詳しくはそちらを参照してください．コトが起こりにくいほど，つまり，$P(x_i)$ が小さいほど $I(x_i)$ は大きくなり，確率が $1/2$ になるごとに 1 増加します．

S 市の例では，晴れる，晴れないという情報はそれぞれ，$I(x_1) = 1.3$ ビット，$I(x_2) = 0.74$ ビットという価値を持つことになります．ここで，ビットとは，上記のように情報の量を定義したときの単位を表します．

さて，D さんの天気の予測は，それぞれの確率でこの情報を得る行為ですから，その平均

$$H(X) = \sum_{i=1}^{2} P(x_i) I(x_i) = 0.4 \times 1.3 + 0.6 \times 0.74 = 0.96 \text{ ビット}$$

(3・2)

という価値を，この「行為」が持つことになります．$H(X)$ を事象の集合 X の平均情報量，または，「情報エントロピー」と呼びます．

I岳に雲がかかるという事象についても，$I(o_1) = 1$ ビット，$I(o_2) = 1$ ビットで，情報エントロピーは，$H(O) = 0.5 \times 1 + 0.5 \times 1 = 1$ ビット，となります．

「雲がかかるか」のほうが，それぞれの確率が均一である分だけどちらが起こるかが「明日は晴れるか」より少しだけわかりにくく，情報エントロピーを比べると，情報の価値もその分だけ少し高いということになります．

さて，ここで論じたいのは，このとき，I岳に雲がかかるかを見ることで，翌日の天気についてどれだけのことを知ったことになるのだろうか．I岳の雲の観察の明日の天気予報にとってのコトとしての価値を見極めたいわけです．

情報の流れを捉える

情報の流れという観点で，問題を整理してみましょう．状況を少し一般的に表したものが，図3-1です．知りたい対象は，集合 $X = \{x_1, \cdots, x_M\}$ の要素のうちのどれかです．上記のDさんの天気予報の例では，$M = 2$ であり，x_1 =「晴れる」，x_2 =「晴れない」の二つが，知りたい対象です．そこで実際に観測されるのは $O = \{o_1, \cdots, o_N\}$ のどれであるかです．これも上の例では，$N = 2$ であり，o_1 =「雲なし」，o_2 =「雲あり」です．

O をもとに X を推定するにあたって，$X \rightarrow O$ という情報の流れを考えます．「明日の天気 → 今日の雲」という流れは，時間に逆行していて変です．しかし，ここが「コトのダイナミズム」を考える神髄です．モノの法則に依存しないところで，「仕掛け」を考えることができます．

図3-1に示すように，O と X とは直接に一対一対応はしません．$M = N$ とも限りません．今述べたように，そもそもの雲のある／なしで明日の天気が決まるという根拠が持つ本質的な不確かさと，雲のある／なしを読み取る

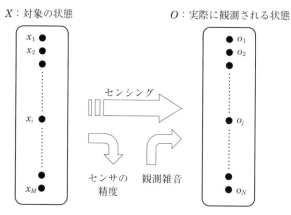

図 3-1 対象の状態から観測への情報の流れ

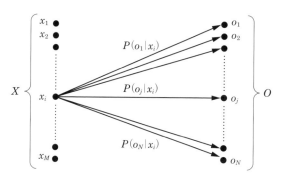

図 3-2 情報の流れ．状態 x_i に対して，確率 $P(o_j|x_i)$ で，それぞれ観測 o_j を得る

というセンシングの精度と，ノイズという名前で一括するその他の不確定さやあいまいさが存在し，それらは究極的には不明な値です．

今，図 3-2 に示すように，ある状態 x_i を固定して，x_i がそれぞれの観測値 o_j にどのように波及するかを考えます．$P(o_j|x_i)$ は「条件付き確率」と呼ばれ，x_i という条件の下で o_j が生じる確率です．図に示しているように，x_i を固定しても，ある確率で出現する o_j は散らばります．その確率を表します．

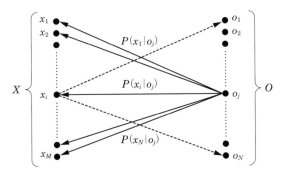

図 3-3 観測の集合 O から状態の集合 X を推定するときのあいまいさ

一方,o_j のほうを固定して,観測値 o_j が x_i のそれぞれからどのように波及してきているかを考えると,図 3-3 のようになります.観測値 o_j からは,それがどの x_i からもたらされたのかの可能性を,条件付き確率 $P(x_i|o_j)$ で表しています.

さて,観測 O を得たときの X については,先に定義したのと同じように「条件付き情報量」

$$I(x_i|o_j) = \log_2 \frac{1}{p(x_i|o_j)} \tag{3・3}$$

が定義され,さらに,条件である o_j について平均した「条件付きエントロピー」

$$H(X|O) = \sum_i \sum_j P(x_i, o_j)\, I(x_i|o_j) \tag{3・4}$$

が定義されます.

O を知った後では X のわからなさは減少したはずなので,この条件付きエントロピーには,次の性質があります.

$$H(X) \geq H(X|O) \tag{3・5}$$

等号は,$P(x_i, o_j) = P(x_i) \cdot P(o_j)$,すなわち,$x_i$ と o_j が完全に独立で,何の関係もないときに成り立ちます(これは O からは X について何も情報は得られないということにあたりますから,当然ですね).

では,関係があるときは,この大小の差は何を表すのでしょうか.この差,

$$I(X;O) = H(X) - H(X|O) \qquad (3\cdot6)$$

は「相互情報量」と呼ばれ，X と O がどれくらい，直接に結びついているかを情報量として表します．その意味では，O と X を入れ替えても，

$$I(O;X) = I(X;O) \qquad (3\cdot7)$$

であることがわかります．相互情報量には，もっといろいろな意味があります．これも，参考文献に譲ります．

以上，情報の流れを表現する一般的な骨組みを述べてきました．さて，ではもとの天気予報に戻って見てみましょう．

X：明日の天気，O：I岳にかかる雲，の間の相互情報量は，上記の表内の $P(x_i, o_j)$ などの値から（計算には，$P(x_i|o_j) = P(x_i, o_j)/P(o_j)$（ベイズの定理と呼ばれる）などを用います），

$$I(X;O) = H(O;X) = 0.18 \text{ ビット} \qquad (3\cdot8)$$

すなわち，「Dさんの天気予報」については，次のように言うことができます．

> S市の明日の天気を予測するというコトの情報としての価値は 0.96 ビット．そのうち，I岳の雲の様子から 0.18 ビット分の情報が得られている．
> 一方，I岳の雲のある／なしは 1 ビット．そのうち，0.18 ビット分をDさんは天気予報に役立てている．

3. コトの戦略——情報理論的アプローチ

Dさんの天気予報の例では，コトが相互にどの程度関連し合っているのかを量として評価してみました．次に，この考え方をもっと積極的に使ってみる，すなわち，コトの戦略を展開してみましょう．例えば，明日の天気を予測するためには，Dさんの方法である「前日のI岳の雲を見る」よりもっと良い方法はあるのかというようなことに関心を移します．

以下，もう一つの例を紹介します．

画像データベース照合による物体認識

ここでは，物体をカメラで捉え，用意してある画像データベースと照合することで物体認識を行います．次々に，いろいろと条件を変えて画像を得ていきます．そして，その次々に得た画像を元に物体が何であるかを判定します．これまで複数枚の画像を得たとして，では次に，カメラで対象のどの部分をどの程度のズームで見るべきかというカメラのパラメータなどの条件の最適な選択を，上記の枠組みの中で決定しようというものです．

認識対象の物体を，図 3-4 に示します．対象は，ほんの一部分を除いてまったく同じ外見（特徴）を持つ物体 9 個であり，そのわずかな物体間の違いをうまく見分けて，対象がどれかを判定することができる視点を順次選んで，効率的に認識するという実験です（詳細は[1][3]を参照してください）．

図 3-5 に示すように，カメラの正面にターンテーブルに載った物体が置かれています．最終の目的として画像から読み取りたい事項 x_i は，対象物体は何か（物体の番号）とその姿勢（カメラからの距離と物体の向き）です．

図 3-4 実験で用いた 9 個の対象物体 $x_1, \cdots, x_9$（左上から横に順に）．背中の模様，首にさげた樽の有無などの細かい部分のみが異なる物体が含まれている

そこで，ある時点 t でカメラで画像を得るたびに（この t 時点での画像を o_t と表します），今度はカメラのズームと物体の載るターンテーブルの回転角を調節して次の撮影をしていくという「行動」，すなわち，時点 t でのコト a_t を選択することにします．この設定で，テーブルに載っている物体が何であるかとその姿勢を，なるべく早く（少ない観測で）認識することが課題です．

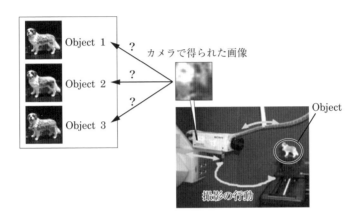

図 3-5 能動的な物体認識のためのセンシング行動．最適なカメラのズームと回転テーブルの回転角を選択する

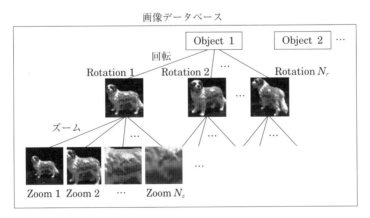

図 3-6 データベースの例．各画像について，どの物体に対してどのような姿勢（回転とズーム）で得たものかをラベル付けしておく

例えば，図 3-5 に示してあるように，おそらく対象物体は Object 1，2，3 のうちのどれかであろうとまでわかったら，1 と 2 を見分けるには側面の模様を，1 と 3 なら首にさげた樽があるかどうかを見にいく，というのがここでのコトの戦略です．最終的に，特定の物体であるという確率が十分に高くなるまで，行動を繰り返して認識します．

一方の，照合用の画像データベースは，前掲の 9 種類の物体について，それぞれ，ズームが 6 段階，回転が 12 段階の組み合わせであらかじめ撮影した全 72 種類の画像よりなり，図 3-6 に示すようにそのときの物体の番号と回転やズームなどの姿勢とでラベルを付けてあります．その際に，撮影した画像とズバリ一致するものがデータベースにあるというわけではないことが，先の天気予報と通じるここでの問題の本質的なところです．そこで，全 72 のそれぞれの視点について，照明などの条件が変わったとき，このように見えるかもしれないという確率 $P(o|x_i, a)$（対象 x_i を，カメラ条件 a で撮影をしたときに，画像 o が得られる確率）をあらかじめ得て，準備をしておきます．

行動の評価としての相互情報量

さて，ある時点 t での撮影の行動 a_t によって画像 o_t を得るとします．この時点で対象物体が x_i であると確信できる確率を $P_t(x_i)$ とします．この確率に基づく推定を，行動 a_t によって画像 o_t を得ることで，$P_{t+1}(x_i|o_t, a_t)$ をもとに改良できるとしましょう．ここで，この時点 t で対象が何かという情報量 $H(X)$ をこの行動 a_t によってどれだけ減少できるかで，その行動 a_t の良さを評価できます．この改良の程度は，上記の相互情報量にあたります．

すなわち，X_t, O_t を，時刻 t での状態と観測の取りうる値の集合であるとすると，画像を得た後の条件付きエントロピーは，

$$H(X_t|O_t, a_t) = \sum_{X_t} \sum_{O_t} P_t(x_i, o_j) I(x_i|o_j, a_t) \tag{3・9}$$

で与えられます．このステップを踏む間のエントロピーの変化の概要を図 3-7 に示します．

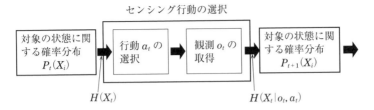

図 3-7 より良いセンシング行動は，エントロピーをどれだけ改善できるか，すなわち，$H(X_t)$ と $H(X_t|O_t, a_t)$ の差をどれだけ大きくできるかで評価できる

すると，より良い行動は，$H(X_t)$ と $H(X_t|O_t, a_t)$ の差をどれだけ大きくできるかで評価でき，この差,

$$I(X_t; O_t, a_t) = H(X_t) - H(X_t|O_t, a_t) \tag{3・10}$$

は，まさに，前述の相互情報量だからです．

したがって，毎回の最適なカメラとターンテーブルの調節行動は，$I(X_t; O_t, a_t)$ を最大にする a_t を選ぶことで得られることになります．

続いて，この評価をもとに，次ステップでの最適な行動，すなわち，テーブルの回転角とカメラのズームを選択し，次の画像を得ます．最終的に対象が何であるかの確率が，ある特定の一つの物体に対してのみ高くなるまで，このステップを繰り返すことにします．

認識結果の逐次的な更新とその結果

相互情報量による評価に基づいて能動的にカメラとターンテーブルを動かし，次々に画像を得ることにします．すると，図 3-8 に一例を示すように認識結果も次々に更新されます．この図の場合は，2 回の行動選択で，対象を十分に絞り込みました．最初に与えられた画像では，対象のボディーの一部のようですが,何であるかはよくわかりません．そこで,最初の行動選択では，ズームアウトしてより広く眺めることとしました．すると，Object 2, または，3 である確率が高くなりました．その結果，次のステップでは，胸のあたりをズームインして見にいっています．すると，Object 2 である確率が十

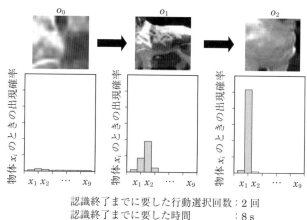

図 3-8 行動選択を伴う物体認識．次々に行動選択をして画像を得ることで認識結果も次々と更新される

分に高くなりました．棒グラフは，最初も含めて三つの時点での，対象が x_i であると確信できる確率を x_i ごとに並べて示しています．

この実験の目的は，似通った外見を持つ物体がデータベースに存在する場合に，そのわずかな物体間の違いをうまく見分ける効率的な視点の選択，すなわち，「コトの戦略」を検証することでした．

各ステップで得られた画像を用いて，どの物体であるかの確率を求め，それをもとに次の行動の選択をし，観測を繰り返していく．ここでは，ある特定の物体に対する画像の出現確率が 0.4 以上，かつその物体である確率が 0.9 以上である場合は認識を終了する．そうでない場合は次の行動を選択し，画像を取得し，判定を繰り返すということにしました．

図 3-9 は，行動選択をランダム（行き当たりばったり）に行ったときと，最適戦略による手法を用いたときでの，すべての試行について認識終了まで

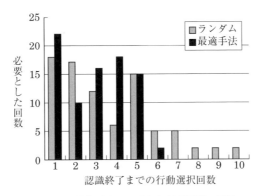

図 3-9　認識終了までに要した行動選択の回数

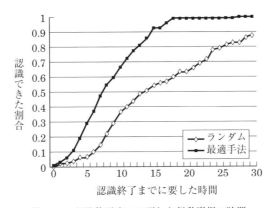

図 3-10　認識終了までに要した行動選択の時間

に要した行動選択回数を示しています．最適戦略手法の場合はランダムな行動の場合と比べると，全体的に少ない回数で認識に至っていることがわかります．また，最適戦略手法では最多でも 6 回の行動選択で認識を終えています．

次に，図 3-10 は，同じく行動選択をランダムに行った場合と最適戦略手法を用いた場合に，認識終了までに要した時間を示しています．例えば，行動選択の回数が少なくても，1 回 1 回の行動に手間を要するのでは最適な行動と言えないからです．ズームの変化量，テーブルの回転量も評価に入れま

3．コトの戦略　　49

した．最適手法で認識終了に要した時間内では，ランダムの場合での全試行の 6 割程度しか認識を終えていませんでした．

4. おわりに

　ここでは，行動というコトの「良さ」を量として測る試みについて，述べてきました．情報の流れ，情報量の大小という視点から，コトを測りました．ここでの例で言えることは，これらの量は，ある普遍的な，また，絶対的な量ではなく，ものごとの「関係性」に基づいた量であることです．これは，コトは，モノのように「厳然としてある」のではなく，ものごとの関係性，そして，その関係を取り持つ情報の流れに，その価値が置かれるものであるらしい，ということです．コトとは何かについて，もっと検討が必要かもしれません．ただ，本稿で論じた「コトを測る」という試みが，コトの本質を考えるうえでのあるヒントになるのではないかと考えています．

第4章

マネジメントとコトつくりの科学技術

鈴木 久敏

1. マネジメントとマネジメント技術

　大学生や大学で経営学を学ばずに卒業して間もない社会人にとって,「マネジメント」という言葉を普段何気なく使っているかもしれないが,それを説明しようとすると,どう表現したらよいか苦労する概念であろう.マネジメントは日本語では「経営」とか「管理」とか訳されることが多い.そうすると,何か社長や取締役のような企業の経営者,あるいは部長・課長・係長といった中間管理職の仕事で,当面は自分とは無関係と思うかもしれない.特に「管理」という言葉からは,強制的に何かをやらされるとか,個人の自由を束縛されるなど悪いイメージが先行して,できるだけ避けて通りたいと感じているかもしれない.また,マネジメントを行う人のことを「マネージャ」というが,マネージャという言葉からは,学生時代のクラブ活動のマネージャや芸能人のマネージャを思い出し,何か身の回りを世話する雑用係のイメージで受け取る人も多いかもしれない.いずれも半分は当たっているが,半分はまったくの勘違いである.そのような勘違いをする大きな原因は,日本では高校までの教育でマネジメントを学ぶ機会がほとんどないためである.

　最近はさすがにそのような勘違いをする若い人も少なくなっているかも

しれない.「もしドラ」現象を引き起こした『もし高校野球の女子マネージャーがドラッカーの『マネジメント』を読んだら』という単行本[1]が一世を風靡した影響が大きいのかなとも思う．ちなみに本のタイトルにあるドラッカーは「マネジメントの父」と称される米国の著名な経営学者 Peter F. Drucker のことである．

　前置きが長くなったが，ではマネジメントとは何か．簡単に言えば，何らかの目的を持つ人々の集団を組織化して活動し，その集団の目的を達成することで，集団に属する人やその集団の活動で影響を受ける人々（ステークホルダーという．日本語では利害関係者）の満足を高めるように，集団を効果的かつ効率的に動かすことと言える．集団の組織的な活動を事業(ビジネス)という．ビジネスといっても必ずしもカネ儲けではない(詳しくは後述する)．事業を推進するうえで必要となるさまざまな経営資源（リソース）や資産・リスクなどを適切に管理して，集団の目的である事業目的を最適化しようとする知識や手法をマネジメント技術という．

　マネジメントの対象は，必ずしも「○○株式会社」と呼ばれるような営利企業（利潤追求を目的に組織化された集団）だけではなく，家庭，学校・大学，病院，公営企業，NPO（非営利組織），軍隊，行政（国や地方自治体），国際機関など，さまざまな事業体(事業を推進する組織)が対象となる．普段，家庭を意識的にマネジメントしているとは思わないであろうが，収入の範囲内で行う家計のやりくりも，やりくりで生まれた余裕資金を子供の学資として貯蓄するのか，家族団欒の喜びのために次の休暇の行楽に使うのか，それを決めるのもマネジメントの一つである．こう考えると，マネジメントは何も特別な人が行う特別な行為ではなく，すべての人が普段の生活の中で，より望ましい生活を効果的，効率的に行うために不可欠な知識であり，素養であることもわかる．また，マネジメントが最も使われている場は営利企業であるが,その営利企業といえどもカネ儲けという利潤追求が主目的ではなく，モノづくり企業であれば消費者が喜んで買うような製品を市場に提供することで豊かな社会の建設・維持・発展に貢献し，また従業員の雇用を確保し安定した生活を保証するといった社会的な役割を果たすことで，社会的存在と

しての企業の価値を高め，社会に受け入れられ，長期的，継続的に事業を維持・発展させていくことが本来の目的である．利潤追求はその崇高な目的を達成するための手段なのであり，目的達成の度合いを定量的に測るためのバロメータなのである．

マネジメント活動は，事業体の目的を定め，その目的をどのように実現していくかの戦略策定に始まり，当面の目標の設定，目標達成のためのさまざまな組織活動の企画・立案，計画の評価・分析・選択・改善・統合，事業活動のための組織の立ち上げ，組織活動に必要な経営資源の調達・配分，組織活動の実施，活動成果の評価・分析と改善，さらには組織活動の全体調整・指揮・統制など，さまざまな要素を含んでいる．優れたマネジメントとは，これらの活動を通してより高い水準での目的達成を目指して，Plan-Do-Check-Action（計画‐実施‐評価‐改善）といった循環的なサイクル（PDCAサイクルと呼ばれる）の繰り返しから生まれる．

組織化された人の集団である事業体を，その目的達成のために効果的かつ効率的に動かすには，「ヒト」「モノ」「カネ」「情報」といった四つの経営資源を有効に活用することが重要であると言われている．この四つの経営資源をどのように使うかの意思決定がマネジメントの肝であり，優れたマネジメントと悪いマネジメントとの分水嶺となる．

ヒトのマネジメント：組織にとってヒトは最も重要な経営資源である．一人の人間ではできないことでも，細かな仕事に分割して多くの人が手分けして協力し合うと実現できることが多い．それぞれが得意とする分野の仕事を請け負って力を発揮し，全体として目的達成に向けて調和的に動くことで実現の可能性が広がる．歴史的にも人は組織を形成して不可能を可能にしてきた．これが分業の概念である．異なる意識を持った組織構成員を組織全体の目的に沿って協調的に動かすことがマネジメントの基本の一つである．とは言え，人間は生き物であり，必ずしも全員がマネージャと同じ方向性を持つとは限らないし，その日その日で体調や気分も同じではない．多様な人々を組織目的の実現のために協調させるには，普段から良い人間関係を維持し，

個々人の意欲（モチベーション）を高めることが不可欠であり，マネージャの重要な仕事でもある．

モノのマネジメント：製品の生産や販売，サービスの提供といった事業活動には，原材料，製品，施設・設備などのモノが不可欠である．こういったモノが必要なとき必要なだけ，正常に使える状態で手元に準備されるように管理することがモノのマネジメントである．用具，手順，作業時間などの標準化は，モノの管理の精度を高め，事業活動の効率を飛躍的に向上させた．

カネのマネジメント：生産・販売やサービス提供に必要な原材料，サービス，労働力の調達にも，施設や設備を調達し維持・保守するにも，お金は必要となる．事業体はその必要なカネを製品やサービスを社会に提供しその対価（売上げ）として手に入れる．こうして社会と事業体の間で循環するカネを的確に把握，管理し，必要なときに必要な量のカネを必要な場所に行き渡るように手配し，この循環するカネの量を増幅させていくことがカネのマネジメントである．事業体としてカネが不足するときは債券や株式を発行し，金融市場で資金を調達し，また資金に余裕があるときは借入金を返済するなど，カネの流れを調整することも含まれる．

情報のマネジメント：情報は，「ヒト」「モノ」「カネ」といった三つの経営資源それぞれの状況を的確に把握し，事業体内部の部門間あるいは事業体とステークホルダー間で適切なコミュニケーションを行い，事業体としての適切な意思決定に結びつけ，三つの経営資源を効果的かつ効率よく活用するうえで不可欠である．この意思決定に必要な情報を収集し，加工し，必要な時に必要な場所に伝達することが，情報のマネジメントである．コンピュータと情報ネットワークの発展のおかげで，近年は情報のマネジメントが手軽に大規模に行うことが可能となり，情報マネジメントの優劣が事業体の業績に大きく影響するようになった．

事業を推進するうえで必要となる知識や技術をマネジメント技術ということは先に述べたが，その多くは経験的に得られたものが多く，きわめて属人的で，自然科学でいうところの再現性，客観性に乏しい．これがマネジメン

ト技術だという確固たる知識や技術はまだ十分に育っていない．その点，欧米では 20 世紀初頭から経営を科学的に捉え，探求する動きが生まれ，「経営科学」（Management Science）という学問分野が確立しており，行政などにも積極的に取り入れられている．標準化，最適化，PDCA のような概念はそのような流れの中から生まれてきたマネジメント技術である．

2. コトつくりの科学としての横断型基幹科学技術

横断型基幹科学技術を特徴付ける要因には次の六つの視点がある．これら六つの視点は単独のものではなく，相互に深く関連し，横断型基幹科学技術を特徴付けている．
（1）さまざまな専門領域に共通に適用できる．
（2）自然科学とは異なる原理に基づき，人工物が現れてから発展した科学技術である．
（3）認識科学ではなく設計科学である．
（4）モノづくりではなく，コトつくりの科学技術である．
（5）さまざまな領域の専門知を統合（知の統合）し，価値創造に役立つ科学技術である．
（6）社会，人間を対象にした科学技術である．
まず，これら六つの視点を個別に説明していこう．

電気，機械，材料などの固有工学（固有の専門領域に関わる科学技術で，以下タテ型科学技術と呼ぶ）に対して，制御，システム，最適化，統計などの科学技術をヨコ型科学技術と呼ぶことがある．ヨコ型科学技術の特徴は，さまざまな専門領域に共通して適用できる汎用的な科学知識や技術ということである．この特徴は数学や情報学が物理や化学，工学，経済学などの基礎になっていることと類似している．吉川[2]はこの分野横断的な適用可能性を「領域無限定型」と言い表している．汎用的に適用できるのは，それぞれの固有の専門領域の知識・技術を離れ，抽象的なレベルでのそれらの知識・技術に内包される共通性・類似性に依拠し，そこに通底して流れる特徴をもっ

て知識や技術の体系を形づくっているからである．この「適用可能性」に着目して，ヨコ型科学技術をもって横断型基幹科学技術と定義する向きもある．その場合，科学技術全体をタテとヨコの二次元マトリック構造で表現し，横断型基幹科学技術を横軸方向の科学技術として示すことが多い．

　一方で，電気，機械，材料などの固有工学（タテ型科学技術）が物理や化学などの自然科学の知識の上に成立している科学技術であるのに対して，制御，システム，最適化，統計などのヨコ型科学技術の多くが，人間が人為的に造り出した人工物の形成・運用・保守に関わること多い（ロボットの制御，鉄道の運行，イベント興業，社会制度の制定などをイメージするとわかりやすい）．自然科学が自然現象の観察から得られた知識（自然法則）を基礎に置き，固有工学が自然の本性を人間に役立つものへと転換しようとするのに対して，ヨコ型科学技術は人間が生み出した人工物を形成し，動かす際に，人間が導入した約束事やこうしたいという要求に基礎を置く．もちろんロボットの動作のように物理法則の制限の下で人為的な営みを発揮せざるを得ないものもあるが，本質は人間の「こうしたい，こうあってほしい」という要求が基礎にある．この要求を実現するための論理を紡ぎ出すことになる．その意味でヨコ型科学技術は論理に基礎を置くということもできる．この立場からは，横断型基幹科学技術は人工物のための科学ということになる．

　自然は現に存在し，私たち人間が認識する対象である．したがって，自然科学は認識科学である．一方，人工物は人間が意図するか意図しないかは別として，人間社会にとって意味のある特定の目的を達成するために，意図的にものごとを組み合わせ，自然には存在しないものごとを造り出したものである．すなわち，そこには設計という営みが必ず存在する．この意味で，自然科学を中心とする旧来の科学技術（物理学，化学，生物学など）を「認識科学」というのに対して，新しく人工物を生み出し，動かすための科学技術を「設計科学」という．

　自然科学は，自然現象の観察から得られた自然に対する認識であり，その認識をもとに仮説を立て，観測と実験を繰り返すことで真理，すなわち科学的知識に到達する．自然科学は自然から法則を学び取るために，私たちは対

象を細かく選りわけて，さまざまな条件を統一して実験を行うことが多い．この点で自然科学はきわめて分析的なアプローチとなり，必然的に学問として細分化しやすい．人文科学や伝統的な社会科学も，対象は人間社会であるが，そのアプローチは限りなく分析的であり，人間や社会現象を認識するための科学である．物理学，化学，生物学に対して，工学は同じ自然科学に分類されているが，本質的に設計科学である．工学の中の機械工学，電気工学，材料工学など固有の専門領域を持つ工学（固有工学）は，モノにこだわり自然の法則に制約されていること，さらに人間にとって意味ある特定の目的をモノの組合せによる「機能」の実現によって達成しようとしている点で，横断型基幹科学技術とは区別される．横断型基幹科学技術の振興を唱えている横幹連合は「モノづくり」に対して「コトつくり」を主張している．日本古来の御祭や神事などさまざまな行事・イベントは代表的な「コト」である．例えばマイホームづくりを考えてみよう．木造か鉄筋コンクリートかとか，どんな間取りにしようか，どんな空調機や給湯器にするかとか，これらはすべてモノで実現する機能を目指している．それに対してマイホームを建てることで実現される家族団欒やご近所づきあいはすべて「コト」である．そこには「モノ」を使って実現されるものであったとしても，「モノ」そのものに価値を認めているわけではない．この点で同じ設計科学的な要素は共通しているが，固有工学と横断型基幹科学技術は異なると言えよう．

　コトつくりの本質は何かというと価値づくりである．モノが至る所に溢れかえる高度技術社会では，人々はもはや，モノそのものやモノで実現される機能（性能）には価値を見いださず，使いやすさとかおもしろさとか，モノや機能とは別な次元の価値を追い求めている．日本で外国車を求める消費者は，性能とか品質の点では国産車のほうが優れていることは理解していても，デザイン性とか安全性あるいは他人とは違ったものを持ちたい（希少性の追求）ということで，外国車を選択している．これは車そのもののモノとしての価値ではなく，車を使って何を求めるかという「コト」に価値が移っているからである．このコトつくりによる価値創造こそ横断型基幹科学技術が追求してきたものである．

今日のように高度に複雑した社会では人々の価値観は多様である．単一の機能や商品で人々の多様な要求を満たすことはできない．そのため価値づくりに当たっては，さまざまな価値を埋め込んだ製品やサービスを開発する必要がある．個々の機能は旧来の固有工学の技術で実現できるとしても，限られた資源やコストの中で，それらをバランス良く，多様な消費者の要求に応えるように組み合わせるには，固有工学とは別な観点が必要となり，そのための科学技術が必要となる．これは「知の統合」と呼ばれる科学技術であり，個別の知を統合して新しい価値を創造する新たな知の体系を指す概念である．従来，この種の開発行為は科学技術の対象とは認識されずに，個別の知を持つ専門家集団を一つのチームに組み入れて開発を任せれば何とかなると思われてきた．産業界においても往々にして優れた商品開発マネージャの下に異分野技術者からなる混成チームを編成し，マネージャの開発マネジメント力に強く依存した開発が進められてきた．しかしそれではマネージャ個人の潜在能力に依存するだけの話になり，そのマネージャのマネジメント力が何であり，どうして体得できたのか，どうしたら次世代に受け継ぐことができる知識になるのかは，不明瞭のままである．このマネージャの暗黙知の部分を形式知化し，科学技術に昇華する必要がある．

　横断型基幹科学技術は価値づくりのための学問である．価値は人間や社会によって評価され，享受されるものであるから，科学技術とは言え，人間や社会と深く関わらざるを得ない．人々の好みや喜びの源泉は何か，それは今後どのように移りゆくであろうか，来るべき未来社会を想い描き，そこから何を社会に提供していくべきかを導く科学技術が必要である．また直前のパラグラフでも触れたように，人々の多様な要求に応える製品やサービスを生み出すための開発技術チームをどのように編成し，運営するかも，きわめて人間臭い課題である．このように価値づくりの科学は人間や社会と密接に関わる領域であり，そこに学問的なメスを入れようとするのが横断型基幹科学技術である．

3. マネジメント技術とコトつくりの科学

前述した二つの節の説明でもわかるように，マネジメントとコトつくりは密接に関わっている．

第2節で示した横断型基幹科学技術の六つの視点，

(1) さまざまな専門領域に共通に適用できる．
(2) 自然科学とは異なる原理に基づき，人工物が現れてから発展した科学技術である．
(3) 認識科学ではなく設計科学である．
(4) モノづくりではなく，コトつくりの科学技術である．
(5) さまざまな領域の専門知を統合（知の統合）し，価値創造に役立つ科学技術である．
(6) 社会，人間を対象にした科学技術である．

は，いずれもマネジメント技術の特徴としてもそのまま適用できる内容である．唯一の例外が(4)であるが，それはマネジメント技術がモノづくりにも適用できるという意味で，より強力な科学技術とも言える．

コトつくりは人為的に価値を創造する活動であるが，それは多くの場合複数の人々が組織（チーム）を作り，分業して協業する行為である．そこには必ずマネジメントの行為が必要となる．マネジメント能力に長けた人材がリーダとなって牽引するコトつくりは，効果的に効率的に，すなわちその価値の受容者である人々や社会のニーズにより適った「コト」を，より短期間に，より低コストで創造できることが期待される．マネジメント技術こそコトつくり科学のエッセンスであると言えよう．

マネジメント技術も横断型基幹科学技術も，残念ながらまだ学問として認知されていない．まさに発展途上の学問であり，ようやくその正体が見えてきたところである．本書もその一里塚になることを目指している．以下では，マネジメント技術や横断型基幹科学技術が一応学問として成立し，認知されたと仮定して，それらがこれまでの諸科学とどのような違いがあるか，その位置付けや期待される役割を，本書の読者にわかりやすくマップ化して見よ

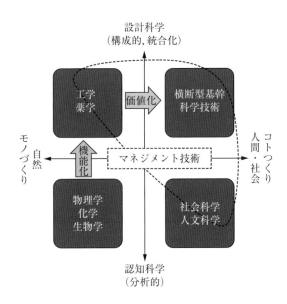

図 4-1 マネジメント技術と横断型基幹科学技術

う．図 4-1 がそれである．

　若い学生諸君には，これを参考にマネジメント技術や横断型基幹科学技術の開拓・確立に乗り出してほしい．

第5章

学際・国際・業際

安岡 善文

1. はじめに

　学際，国際，そして業際，さまざまな場で連携の必要性が叫ばれています．それだけ連携することが難しいのでしょう．土俵際，瀬戸際，引き際などの言葉に使われているように，"際（きわ）"はそれを越えると別の世界（モデル）に入ってしまう，という含意があったのだと思います．際（きわ）は越えてはいけないものだったのかもしれません．しかし，今日の地球的な規模での環境問題などの社会的な課題を解決するためには，学も国も業もその際を越えて他の関係する学や，国，業と連携しなければならない状況となっています．

　人もそうですが，学問も，国家も，業種も，その中に固有の考え方や行動のモデルを持っています．やや堅くいえば規範でしょうか．それをより良くする努力をして，成長してきたともいえます．自分の規範やモデルを，より体系立った形に作り，また厳密にしようとすると，往々にして自身の考える対象範囲を狭くしたり，考え方の境界条件を厳しく設定したりしなければならなくなります．学問の分野でいえば，学の細分化ということが実際に起きてきました．当然，他との接点が減り，時には他との折り合いが悪くなるこ

ともあります．

　問題が簡単なときには，わざわざ際を越えなくても，それぞれの学問分野，国，そして業種の中で確立している方法で問題を解決することができたのだと思います．しかしながら，今日われわれが抱える社会的な問題，例えば地球温暖化や生物多様性の減少は，どう考えても一つの学問分野や，地域，国，そして一つの業種で解決することはできません．それぞれの学問分野の壁を越えて連携する学際性が求められ，また国を越えて連携する国際性が求められます．さらに，観測から予測，さらには対策立案，施策の実施までの課題解決に向けた一連の流れを行うために，学界，産業界，官界がその壁を越えて連携する業際性も必要となります．しかし，具体的にどう連携するのか，についての方法論は必ずしも定まってはいません．そのために多くの問題が解決されずに残されているのだと思います．

　本稿では，環境問題に焦点を当てて，"際"を越えるとは何をすることか，そのために何が必要なのか，どのような手順，方法論が必要となるのか，について考察したいと思います．本稿で記述する内容は，文献[1]で紹介された内容をもとにして，新たな知見を加えて作成したものであることを付記しておきます．

2. Future Earth と SATREPS，二つのプログラムの開始

　1999年，国連教育科学文化機関（UNESCO）と国際科学会議（ICSU）の主催で開催された「世界科学会議」においてブダペスト宣言（「科学と科学的知識の利用に関する世界宣言」）が採択され，それまでの科学の役割として明示されていた「知識のための科学」に加え，「社会のための科学・社会における科学」が追加されました．新たな知識の獲得という従来からの科学技術の目的に加えて，われわれが現実社会において抱える課題を解決するために科学技術を活用すべきである，という流れが始まったといえます．

　実際，これまで多くの論文が発表され，多くの新たな知識が獲得されてきたにもかかわらず，地球規模での温暖化や生物多様性の減少など，われわれ

のまわりには数多くの課題が解決されないままで残されています．これまでの科学技術に何が足りなかったのか，これらの社会的課題を解決するには新たに何を加えなければならないのか，という問いに科学技術は答えなければなりません．

折しも，国際的な連携プログラムとして，Future Earth プログラムと，SATREPS（地球規模課題対応国際科学技術協力；Science and Technology Research Partnership for Sustainable Development）が開始されました．ともに，地球的な規模での社会的な課題を解決するために，社会を巻き込んで，新たな科学技術の流れを生み出そうとする試みです．

これら社会的課題を解決するための科学技術プログラムが国内外においてほぼ同時期に開始されたことは決して偶然ではありません．「社会のための科学・社会における科学」を実践する必要に迫られているという現実があるからだと思います．また，同時に，国際，学際，業際という"際"を越えた科学技術を実践しなければ課題は解決できない，いうことに気がつき始めたからだと思います．

Future Earth プログラム

これまで，地球規模の環境問題に取り組んできた国際的な科学プログラムである，世界気候研究計画（World Climate Research Programme；WCRP），地球圏/生物圏国際協同研究計画（International Geosphere-Biosphere Programme；IGBP），生物多様性科学国際協同計画（DIVERSITAS），地球環境変化の人間的側面に関する国際研究計画（The International Human Dimension Programme on Global Environmental Change；IHDP）の4プログラムを改組し，Future Earth（フューチャー・アース：以降 FE と略記する）プログラムが開始されることになりました．2015年に日本，カナダ，アメリカ，フランスおよびスウェーデンに国際事務局が設置されることが決まり，活動を開始しました．

FE では，新たな概念としてトランスディシプリナリ（trans-disciplinary；まだ正式な訳語は決まっていない）が挙げられ，「学界を越えて社会と繋がる」

ことが指向されています．これまで，学際性（inter-disciplinary や multi-disciplinary）という言葉が，学界内での異なった学問分野間の連携を意味して使われていたのに対して，トランスディシプリナリアプローチでは，研究の計画，実施に際して，学界外からも関与者（ステークホルダーと呼ぶ）の参加を求め，研究開始当初から連携して研究の協働設計を行い（co-design），また研究を協働実施（co-production）することが求められています．これまで数多くの研究が行われてきたにもかかわらず，多くの社会的課題が解決されていない理由の一つに，研究者が学界内の連携のみを指向し，社会の生の声を聞いてこなかったからだ，という反省があるからにほかなりません．その方法論は定まっておらず，具体的な実施には難しい面も多々ありますが，社会的な課題解決に向けた一つ流れといえるでしょう．

なお，FE プログラムにおいては，特に，学界と社会をつなぐトランスディシプリナリな研究に取り組むために，以下の三つのテーマが設定されています．いずれも，"際"を越えるための方法論を実現しなければならないテーマです．

①ダイナミックな惑星（Dynamic Planet）
　　地球が，自然現象と人間活動によってどのように変化しているかを理解すること．
②グローバルな開発（発展）（Global Development）
　　人類にとって最も喫緊のニーズに取り組むための知識（特に食糧，水，生物多様性，エネルギー，資源，その他の生態系機能・サービスの持続可能で確実で正当な管理運用に関する知識）を提供すること．
③持続可能性に向けての転換（Transformations towards Sustainability）
　　持続可能な未来に向けた転換のための知識を提供すること．すなわち，転換プロセスと選択肢を理解し，これらが人間の価値観や行動，新たな技術および経済発展の道筋にどのように関係するかを評価すること．

SATREPS プログラム

FE プログラムの開始に先駆けて，日本においても，国際協力機構（JICA）と科学技術振興機構（JST）の二つの組織が連携する事業として SATREPS

プログラムが開始されました．FE が世界各国が参加して実施するプログラムであるのに対して，SATREPS は，日本と発展途上の相手国研究者が共同して実施するという，主として2国間の連携のプログラムです．両国の研究者が，

- 相手国の固有の社会的課題を同定し，
- 日本で開発された科学技術を発展させることにより，
- その科学技術を相手国に社会実装することで課題の解決を目指す

ことを目的としています．環境，エネルギー，生物資源，防災，感染症の5分野で研究が開始され，現在，アジア，アフリカ，南アメリカの40か国以上の国において100課題近いプロジェクトが展開されています．新たな科学技術の展開のみならず，その成果を相手国へ社会実装することにより課題解決を図ることが指向されており，相手国の行政機関や執行機関が研究計画の段階からメンバーに組み込まれることが特徴の一つといえるでしょう．日本の科学技術を相手国に社会実装することがゴールとなります．

3. 地球規模での環境問題の俯瞰

環境問題は，人間の生産活動に起因して発現する自然圏（大気圏，水圏，陸圏，生物圏）と人間・社会圏への負の影響が大きくなり，人間活動の持続性を脅かす状況になったときに発生します[1]．人間はわれわれを取り巻く自然圏から天然資源やエネルギー資源を得て，これらを使って生産活動を行い，その生産物を利用して生存してきました．その過程において行われた環境の改変と廃棄物の生成・放出が自然圏に影響を与え，さらには人間・社会圏に影響を及ぼす結果となっています．図5-1はこの影響の流れを，人間活動を始点として示しています．図5-1における矢印は系の間の影響を表しており，矢印の方向へ影響を及ぼします．

人間活動が環境に与える影響，すなわち環境の改変と廃棄物の生成・放出は，直接的にまたは自然圏を介して間接的に人間・社会圏に及びますが，自然圏の容量が十分に大きく影響を吸収できる場合には問題は発生しません．

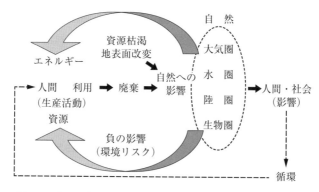

図 5-1　人間と自然の相互作用——環境問題における循環の構造

　環境問題は，人間の生産活動による負の影響が増大して，自然圏，さらには人間・社会圏が被害を受けたときに発生する問題といえるでしょう．例えば，人間活動により廃棄物としての CO_2 が大気中に放出されてきましたが，この量が少なかった時代には，CO_2 増加による生態系や海洋に及ぼす影響は無視できるものでした．しかしながら，今日では，異常気象などその負の影響が顕在化し始めており，さらに，その影響が将来の世代の人間・社会圏にまでさまざまな負の影響を及ぼすことが予想されるようになっています．図5-1における右側の人間・社会圏における負の影響が大きくなると，その影響に対する対応ができなくなり，持続的な循環（フィードバック）が止まることが懸念されます．科学技術はこの循環を持続可能にするための方策を提供することが求められています．

循環不全としての環境問題

　環境問題を解決するためには，上記の循環を安定化させなければなりません．このためには循環のプロセスを理解すること，また，この循環のプロセスを安定化させることが必要となります．前者は主に環境科学の役割であり，後者は環境技術と環境政策の役割といえるでしょう．では，具体的にはどのような手順が必要となるでしょうか．循環プロセスの理解には，図5-1に示した矢印について，関連する変数（パラメータ）を同定，計測して，その過

程を記述し，モデル化することが第一歩となります．

また，プロセスの安定化には，矢印に沿って環境技術や政策などを適用し，さらにその効果（変数の変化や感度）を評価しなければなりません．ここで，循環の安定性を評価するに際しては，時間・空間の境界条件に注意する必要があります．1年の時間スケールで考えるのか 100 年のスケールで考えるのか，また，日本の中だけで見るのか，世界で見るのか，によって循環の安定性の評価は異なります．さらに，自然現象と人間活動起因の影響の切り分けも重要です．地球の変動には，人間活動に関係のない地震や火山活動など自然現象に起因する変動（地球科学的変動）も影響を与えます．人間活動に起因する変動にとっては，地球科学的な変動はバックグラウンドとしての変動といえます．この二つを分離することも環境問題の性格を明らかにするうえで重要な課題です．

学問分野を越える環境問題

図 5-1 に示されるように，人間の生産活動は自然圏と人間・社会圏に影響を及ぼしながら循環することから，その影響は必然的に複数の圏をまたぐことになります．このために，必要となる知識や関係する変数は複数の圏に関するものとなり，時空間のスケールも多様なものとならざるを得ません．例えば，環境分野で把握することが必要とされる変数の特徴としては，

- 変数の種類の多様性（物理・化学・生物学変数から社会学変数まで）
- 変数の空間スケールの多様性（局所，地域から全地球まで）
- 変数の空間領域の多様性（大気，海洋，陸域から人間・社会圏まで）
- 変数の時間スケールの多様性（短期的なものから長期的なものまで）
- 変数の状態の多様性（負荷量や状態量から影響・反応量まで）
- 計測・調査手法の多様性（遺伝子解析，化学分析，物理計測から社会調査まで）

などが挙げられますが [1]，これらの変数やその計測・調査手法の多様性を見ても，環境問題の解決に，学問分野や時間軸，空間軸を越えた連携が必要となることはいうまでもありません．

国境,時間軸・空間軸を越える環境問題

図5-1では,影響を与える人間・社会圏と影響を受ける人間・社会圏を分けて示してあります.これは,影響を与える側と影響を受ける側が異なる場合があることを示唆しています.影響を与える始点が現世代であり,影響を受ける終点が次世代以降であれば,問題は世代をまたぐ先送りという時間軸の問題となります.また,始点と終点の国が異なる場合には国家間の環境安全保障にかかる問題,すなわち国際問題となります.気候変動枠組み条約における先進国・途上国間の厳しい関係は,始点と終点における国の社会・経済・歴史的な違いが顕在化した典型的な国際問題といえるでしょう.

一つの学問分野,一つの国,一つの業種のみで上記の多様な変数を計測・調査し,環境問題の全容を捉えることはできません.また,対策や施策を講ずることもできません.学際,国際,業際を越えた連携が不可欠です.

4. "際"を越える知の展開

環境科学技術の使命は,図5-1における循環を健全に回すことにあります.では,従来の学問分野の境界を越えた学問の展開をどう進めればよいのでしょうか.これまで,学問分野の従来の境界を越えて知を展開するために三つの方法が試行されてきました(文献[1]に加筆).

① 学際的アプローチ
② 横幹的アプローチ
③ トランスディシプリナリアプローチ

ここで,①は従来の複数分野の知識をつなぐ方法であり,②は横幹連合が知の展開方法として指向する方法です.一方,③として加えたトランスディシプリナリアプローチは,冒頭に紹介したFEプログラムで展開しようとしている新たな方法であり,科学技術を社会にまで展開する新たな試みです.図5-2には,三つのアプローチの違いを模式的に示しました.

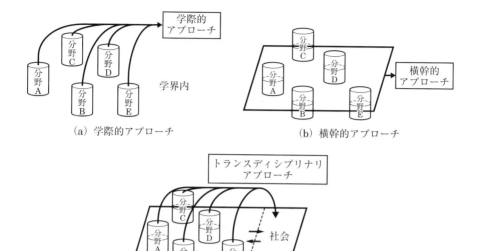

図 5-2 学問の境界を越えるための方法

学際的 (inter-disciplinary) アプローチ

　複数分野の知識をつなぐ方法論であり，inter-disciplinary の訳語として使われてきました．multi-disciplinary の訳語として使われることもあります．特定の方法論が確立しているわけではなく，そのためにアプローチと呼ばれることが多いようです．複数の分野にまたがった研究をつなぐとき，具体的にそこで何が流通するのでしょうか．例えば，分野間での情報の流れに着目します．ここでは，情報を，

$$情報 = データ * モデル（知識）$$

と定義することにより学際的アプローチの手法を説明します．ここで，記号 * は組み合わせを示します．この定義は，同じデータであってもデータを理解するモデル（知識）が異なると異なった情報を生み出すことを表現しています．複数の研究者が同じデータを持ったとしても，その研究者が持つモデ

ルや知識が異なると異なった情報を引き出すことはよくあることです．それぞれの学問分野を考える場合においても，一つの学問分野で利用されるデータの種類やモデルには共通かつ固有なものが多くあり，このことからも上記の定義を一つの学問分野を特徴付ける鍵として使用することが可能と考えます．

学際的アプローチでは，一つの学問分野でのデータやモデル（データ A，モデル A）が別の分野での知識（データ B，モデル B）と結びつくことにより，新たな分野の情報（例えば，情報 C = データ A * モデル B）を生成することを考えます．また，情報 D = データ A * モデル (A + B) も新たな情報となります．具体例として，学際的アプローチによる温暖化に関する新たな情報の展開を示します．

地球大気の二酸化炭素濃度（以下，CO_2 濃度と略記）は，産業革命以降，上昇傾向にありますが，この上昇傾向には明瞭な季節変動が重畳されていることが知られています．図 5-3 には，米国ハワイ州マウナロア山で観測された大気中の CO_2 濃度の時系列変化を示しました．このデータに見られる季節変動は，主に植物の光合成に起因することがわかってきました．すなわ

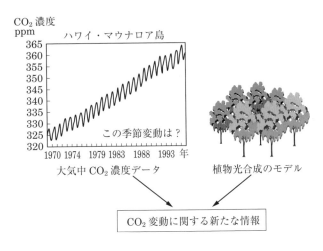

図 **5-3** 学際的アプローチによる新たな情報の獲得の例

ち，CO_2 濃度の季節変動（大気科学分野データ）は，光合成により大気中の CO_2 が植物に吸収されるという事象（植物学，または生態学分野におけるモデルの結合）により説明することができ，生態系の機能が全球の CO_2 変動に関与する，という新しい情報が生み出されることになります．

学際的アプローチでは，複数分野のデータやモデルが組み合わさって新たな情報を生成し，それが関連分野での新たなデータやモデルの獲得を促すという螺旋的な展開を生み出すことができます．

横幹的アプローチ

横断型科学技術の定義，意義等については，すでに数多く述べられており，ここでは詳細は省略します（横幹連合の雑誌『横幹』Vol.1 および Vol.2 を参照されたい）．複数の研究分野を横断的に見るという点から，広義には，横幹的アプローチは，学際的アプローチの一つともいえるでしょう．

例えば，統計学は基本的なモデルは共通ですが，生物学や農学の分野における固有のデータと接することにより生物統計学また農業統計学といった新たな発展を遂げました．また，両分野で展開されている新たな統計的なモデルや手法を抽出することにより，統計学の体系を展開することができました．これは横幹的方法論の典型といえるでしょう．統計学のみならず，計測工学，制御工学，システム工学など複数の分野で横幹的アプローチにより研究が進められています．複数の分野で共通に使われているモデルや概念，手法を抽出することによりそのモデルや概念を展開し，その再構築を図ることが横幹的アプローチの特徴といえるでしょう．

トランスディシプリナリ（trans-disciplinary）アプローチ

学際的アプローチや横幹的アプローチは，学界内における異なった学問分野の連携を指向します．これに対して，トランスディシプリナリアプローチは，科学技術を学界を越えて社会につなぐことを指向する点で新たな展開といえます．冒頭に示したように，これまで多くの論文が生成され，新たな知見が生み出されてきたにもかかわらず，社会の課題の多くが解決されていま

せん．これは，科学技術が社会と離れて独立に進められてきたからではないか．FE では，この認識に基づいて，科学技術を学界の中のみならず，社会に展開する方法論を模索します．

FE は始まったばかりで，必ずしも，その方法論は確立していませんが，その一つの方法論として社会の関与者（ステークホルダー）を研究に取り込み，研究の設計段階から協働して co-design することが提起されています．主要なステークホルダーとして，

- 学術研究グループ：科学者，研究者，およびその組織
- 科学と政策のインターフェースグループ：IPCC などの研究を政策関連情報として解釈する個人または組織
- 研究助成機関グループ：研究費を提供し，研究を評価する機関
- 政府機関グループ：地方自治体から国までの政策機関，ならびに国連などの国際機関
- 開発グループ：世界銀行などの社会経済開発の推進機関
- 実業・産業界グループ：さまざまな産業団体や金融機関
- 市民社会グループ：NGO，NPO などの市民社会をリードする組織，機関
- メディアグループ：地域から国際社会までの多様なメディアの組織，機関

などが挙げられていますが[2]，これらのグループが業種を越えたさまざまな主体から構成されていることは明らかです．

5. 研究行為のサイクルによる社会的課題の解決

図 5-1 に示された人間と自然の相互作用からは，環境問題の全容を把握するために必要な要素間の関係を認識することができます．しかしながら，この図のみからでは社会的課題を解決するための道筋を知ることはできません．課題の解決に向けては，対象を計測し，対象および対象の間に発生する現象を解明し，さらに，その現象をモデル化することにより，そのモデルから将来を予測，評価することが必要となります．さらに，その評価の結果が思わしくなければそれを回避するための対策を立案し，施策として実施する

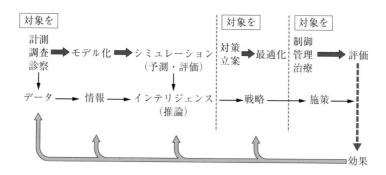

図 5-4 計測から施策までの研究行為のサイクル

ことが必要となります．前段は，自然および社会を対象とした分析的方法論が中心となり，また，後段は対策および施策を有効に行うための構成的（設計的）方法論が核となるでしょう．図 5-4 には計測からモデル化，予測，さらには対策立案，施策とその評価に至る行為の連鎖を模式的に示しました．当然のことながら，施策の効果を計測，評価することが必要であり（下段），この鎖はサイクルを形成します．

社会的な課題の解決のためには，このサイクルをいかに効果的に設計し，社会に実装するかが鍵となります．このサイクルで重要な点は，施策の立案（図の右側）の立場に立って，対策，予測・評価，計測という科学技術の行為の流れで見ることです．バックキャストともいわれます．施策立案からバックキャストすると，課題解決のために必要とされることの中には科学技術の手法によるもの以外に，社会や経済の仕組みを変えること，また法律の仕組みを変えることなどがあぶり出されてきます．科学技術の手法の中でも，何が効果的か，が見えてきます．これまで，科学技術の視点からは，図 5-4 において左から右への流れに重点を置いてきたといえます．しかしながら，右から左にバックキャストすることによって，効果的なサイクルを構成するにはどこが鍵になるのか，その評価をしやすくすることにもつながるのではないでしょうか．

科学技術を社会に実装するためには，研究行為を同定し，その連鎖をサイクルとして構成することが必要です．以下に，環境問題の解決に必要となる研究行為の項目例を示しました[3]．

① 環境を知る
（ⅰ）環境動態の把握
　　a．計測・調査・データ解析
　　b．環境プロセスの解明
（ⅱ）動態の予測と評価
　　a．モデル化
　　b．予測
　　c．リスク評価
② 環境を良くする
（ⅰ）改善技術
　　a．循環型技術開発
　　b．省エネ・省資源
　　c．環境修復・保全
　　d．技術評価
　　e．リスク管理
（ⅱ）社会行動
　　a．市民参加
　　b．リスクコミュニケーション
（ⅲ）環境政策
　　a．公共政策
　　b．法制度（環境法を含む）
　　c．安全保障
　　d．国際関係
（ⅳ）環境経済
　　a．経済評価
　　b．市場管理
（ⅴ）環境デザイン
③ 環境のあり方を考える
（ⅰ）環境哲学
　　a．環境倫理
　　b．環境文化
　　c．環境史
（ⅱ）環境教育
　　a．ESD（持続可能な開発のための教育）
　　b．人材育成
（ⅲ）システム科学
　　a．システム分析
　　b．システム構成

これらの項目を，社会的な課題に応じて同定し，効果的に組み合わせ行為のサイクルを作ることが必要です．また，これらの行為を実施する主体，組織，その順序を同定することも重要です．このサイクルを同定することなしには，科学技術の社会への実装は難しいでしょう．さらに，これらの行為に関する学問分野は多岐にわたり，関係する国，機関も多岐にわたることはいうまでもありません．

学際，国際，業際，これらの"際（きわ）"を越えることは，われわれが抱える社会的課題を解決するための不可欠な手段となっています．

第6章

サービスイノベーション
——システム科学技術からのアプローチ

舩橋 誠壽

1. サービスイノベーションは生産性向上だけではない

　企業におけるイノベーション研究で著名なクレイトン・クリステンセンは，イノベーションを「新たな経営資源，業務プロセスあるいは価値観を創出するもの，あるいは企業に備わっている経営資源，業務プロセスそして価値観を向上させるもの」としている．わが国の科学技術政策で，イノベーションが取り上げられたのは，1998年に，当時の通商産業省に設置された「イノベーション研究会」であったと聞く．ここでは，イノベーションは「新しい技術の創出等の創造的活動によって生み出された新しい財やサービスが社会に普及し，経済社会の変革がもたらされること」と定義されている．

　一方，サービスに関心が集まったのは，2003年に，IBMのジェームズ・スポーラがサービス科学を提唱し，2004年12月に，米国の競争力評議会が発表した「イノベートアメリカ」と題するレポート（とりまとめ者がIBMのサミュエル・パルミザーノCEOであったことから，パルミザーノ・レポートと称される）で，サービス科学を重要な研究開発投資分野と指摘したことによっている．スポーラの主な論点は，米国の労働力の70%がサービス分野で占められているにもかかわらず，サービス分野への研究開発への投資金

額は 37.8％にすぎず，また，日本をはじめとする他の先進国も同様の傾向にあり，学界と産業界が協力してサービスをイノベートする研究開発に努力しなければならないというものであった．世の中のサービス化の進展に応じて，そのしつらえを整えなければいけないということであろう．

日本では，2006 年に，経済産業省に「サービス産業のイノベーションと生産性に関する研究会」が設置され，2007 年にサービス産業の生産性向上を産学官で連携して推進する仕組み「サービス産業生産性協議会」が発足した．ここでは，顧客満足度指数の制定と測定，この指数に基づくサービスの優良事例の発掘・紹介，セミナーや交流などが行われてきている．

日本のサービス産業の生産性が米国に比べて劣っていることは，しばしば指摘されることであり，その生産性の向上は，日本にとって大変に大切なことではあるが，サービスイノベーションはこれに限らない．経営資源の新たな結合や創出によって，社会的に意義あるサービスを生み出すことも大変に重要である．

ペンシルバニア大学のビジネススクールであるウォートン・スクールのバリー・リバートらはコンサルティング会社デロイトと共同して，米国の大企業の 40 年の財務データに基づいて企業行動を分類し，サービスイノベーションの新たな方向を見いだしている[1]．

彼らが用いたデータは，米国の投資情報会社であるスタンダード・アンド・プアーズ社が作成している株価指数 S&P 500 を構成する大企業 500 社の財務データである．このデータに基づいて，事業のための資本を投下する最も主要な方法（ビジネスモデル）を分類して四つのタイプがあると結論付けた．この四つのタイプとは，

- 資産形成型（Asset Builders）：物理的な商品を製造，配送，販売するために，物理的な資産を建設，開発，リースする企業．例：フォード，ウォルマート，フェデックス
- サービス提供型（Service Providers）：人を雇ってサービスを提供したり時間ごとの対価を求めたりする企業．例：ユナイティッド健康保険，アクセンチュア，JP モルガン

- テクノロジー創造型（Technology Creators）：ソフトウェア，分析手法，医薬品，バイオテクノロジーなど知的資産を開発，販売する企業．例：マイクロソフト，オラクル，アムジェン
- ネットワーク・オーケストレータ型（Network Orchestrators）：ネットワークを形成して，価値共創のために，参加者が交流したり共有したりする場を提供する企業．彼らは，ものやサービスの販売，関係構築，アドバイスの共有，論評，共創などを行う．例：イーベイ，レッドハット，VISA，ウーバー，トリップアドバイザー，アリババ

この四つのタイプの企業がどのような業績を示しているかを40年間の財務データからプロットしている．業績の指標として採用したのは，会計操作のしにくい時価総額を売上高で割った株価売上高倍率であり，この値は売上成長率，収益性，総資産利益率などと高い連動性を示すとしている．その結果を図6-1に示す．

1990年ごろまでは，資産形成型の企業が好業績を示していたが，1990年ごろから，テクノロジー創造型の企業が好業績を示すようになった．しかし，最近のICTの進展が実現可能としたと思われるネットワーク・オーケストレータ型企業が好業績を上げるようになって，テクノロジー創造型企業の地位に迫り始めているように見える．

サービス提供型企業は，ICTの進展とともに，その生産性もきっと向上してきていると思われる．しかし，それ以上に，業績を上げているのは，ネットワーク・オーケストレータ型という新しい企業である．サービスイノベー

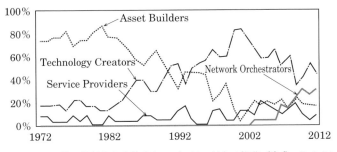

図6-1 S&P 500社の株価売上高倍率トップ5%の割合の推移（出典：Deloitte[2]）

ションも，生産性の向上にとどまることなく，このような新たな商品や事業形態の創出を目指していくことが大切ではなかろうか．

このような新商品・事業の創出のために，企業家たちは，さまざまに思考をめぐらし，また，挑戦をしていることはいうまでもない．スティーブ・ジョブズのような卓抜した企業家に学ぶことはとても大切だろう．しかし，ここでは，このような企業家を追いかけるのではなくて，サービスシステムという商品や事業を一つのシステムと見立てて，そのシステムをどんな手順で開発したらよいかを考えることにする．新システムの開発の進め方については，ここで述べるようにシステムズエンジニアリングと呼ばれる方法論が，大変に頼りがいのある知的資産として蓄積がなされてきている．この積み重ねを活かして，サービスシステムの開発を進める手立てを考えようというのが，この小論の目論見である．

2. 大規模複雑な人工物の構築を可能にするシステムズエンジニアリング

世界のシステムズエンジニアが互いの技術力を高めて世の中に貢献しようと集うINCOSE（The International Council on Systems Engineering）という団体がある．1990年に，米国の航空宇宙・防衛産業のエンジニアや関連する学界の研究者によって設立され，1995年に現在の国際的な組織に改められ，今では，60か国にわたる1万人ほどの会員を擁している．いうまでもないが，ここでいうシステムズエンジニアとは情報システムに携わる人に限らない．航空宇宙・防衛，社会インフラ，公共政策などさまざまな分野でシステムズエンジニアリングにかかわっている人たちが加わっている．

INOCOSEは，2015年で設立20周年を迎えるにあたり，次の10年間の展望を描いた「Systems Engineering Vision 2025」という冊子を発行した[3]．ここでは，これまでのシステムズエンジニアリングの業績を物語ると同時に，2025年に向けた今後の挑戦課題を掲げている．この中で，システムズエンジニアリングの歴史的な省察として，ピラミッドから始まって，大航海，蒸気機関などを経て，今日の地球を取り巻くネットワークの絵が描

5000 BC　1200 AD　1750 AD　1850 AD　1900 AD　1980 AD　2010 AD

図 6-2　システムズエンジニアリングの歴史的な経過（出典：INCOSE [3]）

かれている（図6-2）．今日のシステムという言葉を用いた検討が始まったのは，20世紀半ばであるものの，その取組みは，古代では数百万人年とも推定される人的資源を投入した大規模な人工物であるピラミッドが構築されたように，人類の歴史の中では積み重ねてこのような挑戦が行われてきたこと，そして，その経験からシステムズエンジニアリングとしての知識化が始まっていることを主張しているのであろう．ここでは，明示的には語られていないが，システムズエンジニアリングのツールとしてのICTの発展によって，システムズエンジニアリングという知的活動を支え，強化することが可能となり，この知的資産化を現実のものにし始めていることも特記しておきたい．

システムズエンジニアリングの発展

　システムズエンジニアリングは，人工物の創成・設計のための汎用論理である．1960年代に，アポロ計画として，人類を月に送るために，さまざまな技術を統合し，1000万点の部品からなる有人宇宙航行システムが作られ月との往復が実現できたのは，ひとえにシステムズエンジニアリングによるものと考えられている．

　システムズエンジニアリングとの呼び名の下で最初の取組みは，1940年代の米国ベル研究所による通信網の計画とされている．この活動は，1960年代に，アポロ計画に見られるような米国航空宇宙局（The National Aeronautics and Space Agency；NASA）をはじめとする航空宇宙・防衛産業で実用されてきた．NASAや関連する機関の多くが目指したシステムズエンジニアリングはハードシステムズ・アプローチと呼ばれる．ここでは，達成すべき目標はすでに明らかになっており，この目標をひたすら追求することを使命としている．

これに対して，組織や社会に導入を企てるシステムでは，目標自体が不明確であり，また，複数の関与者の間の利害調整を必要とすることが，いくつかの適用経験から認識されるようになった．このような状況に応えようとする方法論はソフトシステムズ・アプローチと呼ばれ，この代表事例ともみなされるソフトシステムズ方法論（Soft Systems Methodology；SSM）が1970年代に提唱された．SSMは，1990年代から活発化した企業情報システム構築において，多様な考えを持つ人々の期待をまとめ上げて，意味あるアウトプットを出すための方法論としてその地位を獲得した．

英国ハル大学のマイケル・ジャクソンは，このようなシステムズエンジニアリングの発展を俯瞰するために，システムのタイプとこれにかかわる人々（関与者）の関係性の二つの軸から図6-3のように分類している（この図は，しばしば，システムズエンジニアリング・グリッドと呼ばれる）[4]．システムのタイプは，相互関連の少ないサブシステムからなる単純なものと，これに対局する相互関連を多く抱えたサブシステムを含んだ複雑なものという区別である．一方，関与者の関係性の軸は，似通った価値観を持った単一的なものか，基本的な関心事は相容れるが価値観や信念は共有していない多様なものか，それとも，意思決定が強い権力者によってなされ，また，命令が確実に順守されるという強圧的な状況にあるかという設定である．

この問題状況の捉え方は，システムタイプが複雑になるのに対応して，シ

システムタイプ		関与者タイプ		
		単一的	多元的	強圧的
	単純	ハードシステムズエンジニアリング	ソフトシステムズエンジニアリング (SSM, SAST)	解放システム思考
	複雑	・SD ・組織サイバネティクス ・複雑系理論		ポスト・モダンシステム思考

SD：System Dynamics, SSM: Soft Systems Methodology,
SAST：Strategic Assumption Surfacing and Testing

図6-3 問題状況に応じたシステムズエンジニアリング手法

ステムは運営に入ってからでも目的追及能力を備えていることが必要とされ，また，関与者タイプが単一的である場合は合意形成が不要であるのに対して，多元的な場合には関与者が異なる世界観を持っていることを互いに学習するプロセスを含んでいること，強圧的な場合にはシステム設計には参加できないが影響を受ける人に力を与える方策を導入すること，といった考えによっている．以下では，これらの中で主要な位置にあるハードシステムズ・アプローチとソフトシステムズ・アプローチである SSM についてその特質を見てみよう．

ハードシステムズ・アプローチとマトリクス手法

アポロ計画をはじめとして，輝かしい成果を挙げたハードシステムズ・アプローチを振り返って，そのプロセスの全体像をまとめたものとして SIMILAR という概念がある[5]．ここに，SIMILAR とは，エンジニアリングを，次の七つのステップ State the problem（問題記述），Investigate alternatives（代替案分析），Model the system（モデル化），Integrate（組上げ），Launch the system（運転），Assess performance（査定），Re-evaluate（再評価）からなるとして，それぞれのステップの頭文字をつないだものである．

図 6-4 に示す一連の手順は，きわめて常識的なものと言える．しかし，大規模なシステムの構築を目指そうとすると，問題の範囲はとても広くて，全体を見失ってしまうという危険が常に付きまとう．子細な事項にとらわれないようにするには，このようなしっかりした枠組みが必要なことは理解できるであろう．具体的なシステムの構築をこの枠組みに従って進めるうえで，問題の記述からシステムとしての組上げまでの対象物をいかに表現するかということが大変に重要になってくる．もちろん，システムは大規模なので，時間軸と空間軸とで，階層的な認識を行わないといけないし，また，その開発は多人数の取組みによって初めて実行できるという特質に対応しなければならないことは言うまでもない．

このような要請に応えるものとして，システムズエンジニアリングの分野

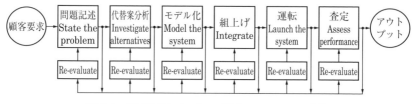

図 6-4　SIMILAR プロセス（出典：Bahill et al.[5]）

で利用されるようになった方法論が日本から生まれている．品質機能展開（Quality Function Deployment；QFD）というマトリクス表現に基づく手法である[6]．戦後の混乱からの立ち上がり時期に，日本の製造業はものまねから脱皮してオリジナルな製品開発に挑んでいた．このために，米国の統計的品質管理の方法が学ばれた時代であるが，このなかで，顧客の要請を品質に結びつける製品設計方法として，赤尾洋二，水野滋らが，ブリヂストンや三菱重工業などいくつかの企業での品質管理への取組みを背景に，1960 年代に開発したのが QFD である．この基本的な考え方は，図 6-5 に示すとおりで，顧客の要求を階層的に展開し，また，その重要度を評価し，一方で，製品の主要な設計パラメータをリストアップし，顧客要求と設計パラメータとの関連性を品質要求展開表と呼ぶマトリクスで記述し，顧客要求の重要度に応じてどの設計パラメータを重要視するかという判断材料を導こうというものである．さらに，この考え方は，設計パラメータから部品，材料，製法などへの要求の明確化も同様に行えるとした．

　QFD は，1970 年代から日本の自動車産業を中心に実務的な活用が進んだ．米国では，このアプローチは，マサチューセッツ工科大学のドナルド・スチュワードによってシステム設計の基本的な方法論として，DSM（Design Structure Matrix）と呼ぶ手法に拡張されて非常に広範囲な応用分野を獲得した．さらに，同大学のナムピョー・スーは，これをより大きな枠組みに仕立てて，公理論的設計（Axiomatic Design）と呼ぶ方法を開発し，図 6-6 に示すように，顧客価値の領域から資源に至る間の関連をマトリクスによって俯瞰的に捉える設計論を展開した[7]．一方，工学分野におけるシステムズエンジニアリングの成果を，社会システムへと展開することに取り組んで

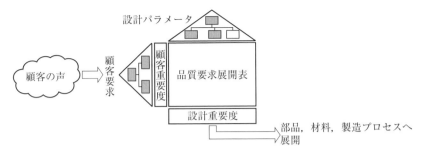

図 6-5　品質機能展開 QFD の考え方

	製造	組織	ビジネス
価値 CA (Customer Domain)	顧客要求属性	顧客満足属性	ROI
機能 FR (Functional Domain)	製品機能要求	組織機能	ビジネス目標
手段 DP (Physical Domain)	機能要求を満たす物理パラメータ	プログラム，オフィス，活動	ビジネス構造
資源 PV (Process Domain)	設計パラメータを決めるプロセス変数	人間ほかプログラムを実現する資源	人間・モノ・金

（各段の間：マトリクスによる関連づけ）

図 6-6　製造，組織，ビジネスなどへの適用を想定した公理論的設計の枠組み

いたバテル記念研究所のジョン・ウォーフィールドは，QFD の考え方を社会システム開発プロジェクト計画手法にまで発展させた．

　マトリクス手法は，システムズエンジニアリングにおいて大きな方向感を与えるうえで大変な効果を挙げているが，対象物を具体的に書き上げるには粒度が粗すぎる．これを補う技術として期待が寄せられているのが，ソフトウェア分野で生まれてきた UML（Unified Modeling Language）である．ソフトウェアでは，人の持つ多様な概念を記述する必要があることから，その表現方法の確立にさまざまな挑戦が行われた．その結果，オブジェクト指向という方法論が多くの支持を得て，1990 年代中頃に，ソフトウェアを図式表現する方法として UML がまとめられた．その後，UML はソフトウェ

アを記述するだけではなく，ソフトウェアを必要とする環境条件の記述方法の拡張にも努められ，企業情報システムなどの複雑なシステム構築を支える手法として発展した．

　2000年代に入って，このアプローチは，情報システムに限るものではないとの認識が生まれ，UMLをシステムズエンジニアリング向けにあらためたSysML（Systems Modeling Language）と呼ぶ表現形式が2006年に策定された．システムに対する要求を記述する要求図，利用形態（ユースケース）や機能動作（シーケンス）などシステムの動きを記述する振る舞い図，機能を達成する要素（ブロック定義）などの構成を記述する構造図などからなっている．このような，システムの記述を構造や振る舞いなど一定の取決めのもとに表現してシステム構築を行う方法をモデルベース・システムズエンジニアリング（Model Based Systems Engineering；MBSE）と呼ぶが，開発の効率化，開発経験の再利用，成果物の質的向上などの効果がみられるとして，産業界での導入が始まっている．

ソフトシステムズ・アプローチ

　トップダウンのハードシステムズ・アプローチに対して，英国ランカスター大学のピーター・チェックランドは，問題自体が不明確な状況で，本質部分を掘り起こし，対応策を導く方法論の提供を意図して，SSM（Soft Systems Methodology）を提唱した[8]．SSMの全体手順を図6-7に示す．

　基本的な流れは，以下のとおりである．

①問題状況に対する認識の表出化としてrich pictureと呼ぶ図を描く．特別な様式があるわけではないが，どのような関与者がおり，その間で利害がどのようになっているか，何を問題視するかを書き表す．

②対象とするシステムの基本定義（root definition）を，後に述べるCATWOE（C：Customers，A：Actors，T：Transformation，W：World view，O：Owners，E：Environment）という枠組みから問題状況（rich picture）を検討することによって導く．ここで，基本定義とはシステムの理想像（To be像）である．

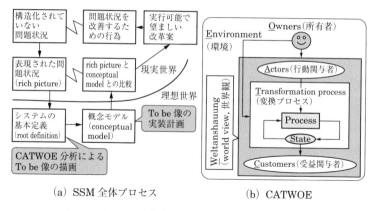

(a) SSM 全体プロセス　　(b) CATWOE

図 6-7　SSM の全体手順とシステム枠組み CATWOE

③基本定義（root definition）に基づいて，実装すべきシステムの姿（conceptual model）を描く．
④システムの現状（rich picture）と実装すべきシステムの姿（conceptual model）とを比較する．
⑤現実に実行する改革案を定める．
⑥改革案を実行する．

基本定義（root definition）を導くための CATWOE とは，図 6-7(b) に示す枠組みを想定している．すなわち，対象とするシステムは，何らかの状態の変化をもたらす変換プロセス（T）であると捉え，これには実施する行動関与者（A）と受益関与者（C）が存在すると想定する．また，システムにはその生殺を握る所有者（O）が存在するが，この所有者には，システムの変換プロセスが自分にとって意義あるものと捉える世界観（W）があることも想定する．さらに，所有者，関与者，システムに影響を及ぼす環境（E）が存在する．

SSM は，問題解決の糸口を Transformation process の発見と捉えることにより，本質部分への着眼を促そうとしていること，しかも，システム関与者は異なった価値観や信念を持っていることを前提として互いの学習の場を提供することなど，優れた枠組みを持っていると言える．

3. サービスイノベーションのためのシステムズエンジニアリング

システム構築のための方法論を見てきたが，サービスシステムを具体的な対象としてさらに方法論を掘り下げてみよう．その前に，サービスシステムのこれまでの発展について概観する（図 6-8）．

サービスシステムに対する研究の取組みは，1980年代の米国レーガン政権時代に始まった．金融，通信，航空輸送，医療等のサービスセクターの規制緩和がきっかけとなったといわれている．これを取り上げた人たちは主にマーケティング分野に属していた．どんな学問でも起こるが，伝統的なマーケティング学に対するサービス学のアイデンティティの確立には苦しみがあったらしい．学術的な課題を明確にするためにサービスに関する共通事項は何かということに努力が払われた．サービスの特徴としてIHIP（Intangibility 無形性：手に触れることができない，Heterogeneity 異質性：同じサービスでも人によって受け止め方が異なる，Inseparability 同時性：生産と消費が同時に起こる，Perishability 消滅性：在庫を持つことができ

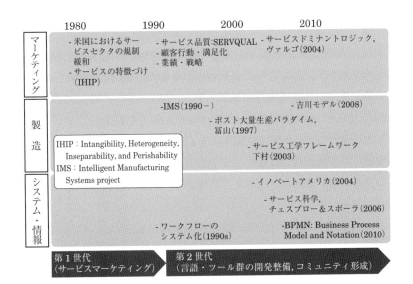

図 6-8 サービスシステム分野の研究経緯

ない)が指摘されるという主張はその代表例であった.

1990年代に入ると,サービスの品質や顧客行動に関する議論が起こってきた.一方,工学分野でもサービスに対する関心が生まれてきた.日本が主導して製造に関する新しい方向が国際協力の下に模索されたインテリジェント・マニュファクチャリング・システム・プロジェクト(Intelligent Manufacturing Systems;IMS)の中で生まれたサービス概念がある.製造業が必要とされるのは,モノを提供するのではなくて機能を提供することであるという姿勢である.さらに,この機能設計,すなわち,サービス設計には,それまでに製造業で培ってきたCAD(Computer Aided Design)の考え方が使えるということで,システムズエンジニアリングにつながるサービスシステム設計CADも提案された.一方,情報システムの分野では,ワークフローに見られるようにビジネスプロセスへの情報システムの導入が進み,さらに,ビジネスプロセスの一部を代行するサービス事業が生まれてきた.IBMがサービス分野に着目したのは,このような背景があったからと推察される.

サービスはプロバイダと顧客との共創プロセスであるとしてその枠組みのアイデアを演劇に置いたことで著名なテキサス州立大学のレイモンド・フィスクは,1980年代のマーケティング視点からのサービスシステム研究を第1世代,その後のいろいろなツールが生まれ研究コミュニティが生まれた時代を第2世代と区別分けしている.

サービスビジネス・システムモデル

サービスシステムを構想するうえで,それがどんな構造を持つかということ,すなわち,概念的なモデルをあらかじめ想定しておく必要がある(このようなモデルは参照モデルと呼ばれる).サービスシステムについては,30年余の研究があるがIHIPのような特徴付けの議論はあったものの,あまり,構造的な表現はなされてこなかった.初めて構造的なモデルが提案されたのは,IMSに携わった人たちからで,ここでは,サービスとはサービスプロバイダが顧客に対して提供することによって,顧客に状態変化を起こすもの

と定義されている．しかし，ここにはサービスイノベーションに不可欠な関与者の行動を左右するビジネス構造までは含まれておらず，いわば，サービスシステムの原子モデルとでもいうものであった．

　2000年代に入って，ハワイ大学のステファン・ヴァルゴらは，サービスの特徴付けとして，これまでの経済学はモノを経済活動の基本単位とする「グッズ・ドミナント・ロジック」（G-Dロジック）であったのに対して，すべての経済活動をサービスとして捉える「サービス・ドミナント・ロジック」（S-Dロジック）を考えるべきであると提唱した[9]．G-Dロジックでは製品が顧客に渡る瞬間に発生する「交換価値」（value in exchange）を最大化するように活動するので，企業による価値生産と顧客による価値消費とは分業される．一方，S-Dロジックでは，顧客が製品を使う過程で企業や顧客が取る行動が価値を生み続ける，すなわち，企業のみで価値の最大化をすることはできず，企業と顧客が一緒になって価値を共創するという立場に立つ．経営の目標としては，「交換価値」の最大化だけではなく，その後の「使用価値」（value in use）を最大化することが求められるというものである．

　S-Dロジックは，企業と顧客の間に「共創」という概念を持ち込んだということで，多くの関心を集めているが，この中に，ビジネス構造を明示的に取り込んでいるわけではない．このために，企業モデルにサービスシステムの原子モデルを埋め込んだ，サービスビジネス・システムモデルが提案されている（図6-9）[10][11]．

　ここでは，原子モデルにならって，サービスは，プロバイダから顧客に提供されるが，その価値はサービスに対する事前期待を影響要因として実際のサービス利用によって生じる顧客の状態変化（使用価値）によって評価され，この状態変化を起こすものをコンテンツ，このコンテンツを運搬する要素，例えば，モノを保冷したいという機能（コンテンツ）を実現する冷蔵庫をチャネルと呼んでいる．一方，プロバイダにしろ顧客にしろ，それぞれが企業としての性格を持っていることから，マネジメントや設計・製造，販売・購入といった企業としての機能を備えており，さらに，その機能は上流プロバイダや同業者コミュニティを形成し，また，顧客は下流顧客や顧客コミュニティ

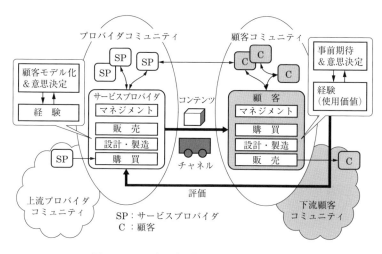

図 6-9 サービスビジネス・システムモデル

を形成するとみる必要があることをこのモデルは示している（顧客が，企業ではなくて個人の場合もあるが，これは特殊ケースとみなすことができる）．大切なことは，プロバイダや顧客は単一に存在するのではなくて，エコシステムを形成することを認識しておくことがビジネスシステム立案では不可欠であり，このモデルは，そのような視点を持つことの重要性を示唆しているといえる．冒頭に示した，ネットワーク・オーケストレータ型企業は，まさに，このエコシステムの一部に着眼したものであった．

統合的サービスシステムズ・エンジニアリング

　サービスビジネスシステムを立案しようとすると，多様なコミュニティからなるエコシステムを捉える必要があり，その多面性・複雑性から何らかの方法論の助けが不可欠になる．システムズエンジニアリングがこれに貢献すると期待されるが，先に述べた，ジャクソンのシステムズエンジニアリング・グリッドによれば，サービスビジネスシステムは，システムタイプは複雑であり，かつ，関与者タイプは多元的であるので，そのアプローチは，ソフトシステムズ・アプローチがふさわしいといえる．しかし，今日，構築が望ま

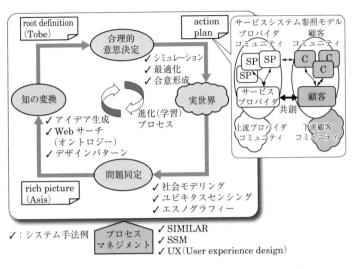

図 6-10 統合的サービスシステムズ・エンジニアリング

れるサービスシステムは，高度な技術システムとして形成されることが多く，ハードシステムズ・アプローチも必要とされる．このような観点に立って，ソフトシステムズ・アプローチとハードシステムズ・アプローチを統合したサービスシステムズ・エンジニアリングが，図 6-10 のように提案されている[10]．

ここでは，エンジニアリングのステップとして，問題同定による現状の姿（rich picture）の描画，現状の姿からのあるべき姿（root definition）への変換，あるべき姿に対するハードシステムズ・エンジニアリングとしての合理的意思決定を行い，実際の行動計画をサービスシステム参照モデルに基づいて，具体的な肉付けを与えることとしている．

これらのステップを遂行するうえで，システム科学技術は，すでに非常にたくさんの知を扱う手法群を開発してきており，これらを状況に応じて活用していくことができる．まさに，サービスイノベーションは，これまでのシステム科学技術が生み出してきたさまざまな方法論を実践に移すことによって実現されると期待され，その取組みが始まっている．

第7章

日本のモノづくりとそのメタ・システム化
―― ガラパゴス化を超える新たなパラダイム

遠藤 薫

1. はじめに

　「ガラパゴス化」という言葉が一時はやった．流行の移り変わりは激しいから，もう死語になってしまったかもしれない．

　「ガラパゴス化」とは，Wikipediaによれば，「日本で生まれたビジネス用語のひとつで，孤立した環境（日本市場）で「最適化」が著しく進行すると，エリア外との互換性を失い孤立して取り残されるだけでなく，外部（外国）から適応性（汎用性）と生存能力（低価格）の高い種（製品・技術）が導入されると最終的に淘汰される危険に陥るという，進化論におけるガラパゴス諸島の生態系になぞらえた」[1]言い回しである．

　直接的には，2000年代初頭の「携帯電話」技術の盛衰に関連して，この言葉が使われるようになった．一時的には他の追随を許さない高度な技術力を誇りつつも，些末な要素技術に特化していくことで，技術がクローズド化し，システム化（端的にはデファクト・スタンダードの地位の獲得や，まったく新たな発想など）に失敗することが，日本の文化的特性であるとも論じられている．しかし，「ガラパゴス化」は，全否定されるべき特性なのだろうか？

たしかに，日本の技術史，産業史をひもとけば，「ガラパゴス化」の例は，枚挙にいとまがない．日本の伝統技術といえば，今日の漫画，アニメに至るまで，マイナーな希少種ばかりとさえいえる．世界が驚く作品は生み出せるが，世界中で普遍的に認められる基盤技術は少ないようにも見える．

　では，日本の技術界は，もっと欧米的な技術観を習得し，内面化することに，唯一の道を見いだすしかないのだろうか？　果たしてそれが可能なのか？　また果たしてそれが最善の道なのか？　本稿では，この問いについて考えてみたい．

2. 日本におけるケータイの進化とガラケー化——何が問題なのか

　「ガラパゴス化」の何が最も問題なのだろうか？
　ここであらためて，「ガラパゴス化」という言葉の発生源である，ケータイ技術の展開過程について振り返ってみよう．

世界をリードしたケータイ

　携帯電話は，1970年代から，車載電話として始まった．
　1985年にNTTが「ショルダーホン」を発売し，さらに1989年に同社から「携帯電話」が発売されて，実用化の段階に入った．
　1990年代半ばに，携帯電話はデジタルに移行し，着信メロディ，メッセージサービス，写メなど，多様なサービスが展開されるようになり，新たな若者文化の様相を呈しはじめた．携帯電話は，「ケータイ」として，若者たちになくてはならないものとなった．
　1999年には，NTTドコモからiモードサービスが開始された．iモードサービスとは，ドコモの対応機種で，キャリアメール（iモードメール）の送受信やウェブページ閲覧などができる世界初の携帯電話IP接続サービスであった．この後，同業他社からも次々と同様のサービスが開始された．
　当時，携帯電話のシェアは，フィンランドのノキアがトップの座を占めていた．NTTドコモはiモード技術を武器に世界市場を狙おうとしていた．

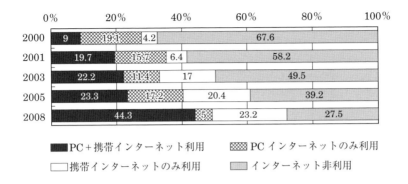

図 7-1 メディア別インターネット利用パターンの年次間比較
(出典:『2008年インターネット利用に関する実態調査―東京23区住民の現況―』[2])

　実際，インターネット利用は，このころから，PC経由に代わって，携帯を通じて行われることが多くなった（図7-1参照）．特に若年層でその傾向が著しく，インターネットの利用形態全体が大きく変わることが予想されつつあった．

iPhoneとケータイ

　しかし，2007年にApple社からiPhoneが発売されると，状況はさらに大きく変化した．

　ケータイが，電話⇒ポータブル化⇒多機能化（含・インターネット接続）という経路で進化してきたのに対して，iPhoneに代表されるスマートフォンは，ネットワークPC⇒ポータブル化⇒汎用性の拡大という方向で進化してきた．このため，機能は一見同じように見えても，スマートフォンがネットワーク空間全体とシームレスに一体化し，外部企業によって開発されるアプリによって無尽蔵に機能を追加していくことが可能であるのに対して，ケータイはあくまで機種ごとの個別の機能高度化にとどまることになる．

　その結果，技術進歩への対応力に大きな差が生じ，上記の図7-1に示した傾向はさらに進んだ．「ケータイ」は，「ガラパゴス・ケータイ」と揶揄されるようになった．ガラパゴス島という閉じた環境の中で独自の進化を遂げて

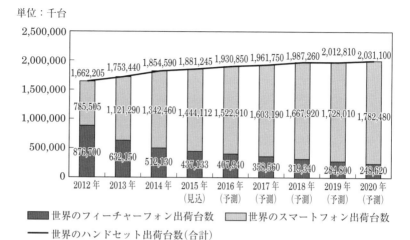

図 7-2 世界のハンドセット（フィーチャーフォン＋スマートフォン）市場規模推移
（出典：『携帯電話の世界市場に関する調査結果 2015』[3]）

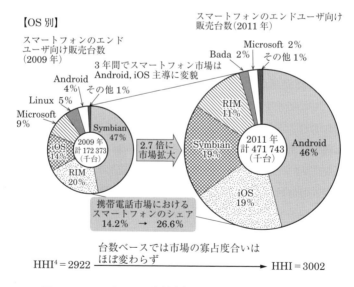

図 7-3 スマートフォン世界市場のシェア変化（台数ベース）
（出典：『情報通信白書』[5]）

しまった，主流の進化系統からは大きく逸脱した生物たちのように，日本という特殊な市場の中で，高機能ではあるものの，世界の潮流からは大きく逸脱した「多機能携帯電話」技術，という意味であった．「ガラパゴス・ケータイ」はさらに「ガラケー」と略称されるようになった．「ガラケー」のネガティブなイメージを嫌って，最近では「フィーチャーフォン」と呼ばれたりするが，この用語自体普及していない．図 7-2 に示すように，現在では「携帯電話」は絶滅の危機に瀕している．

かつて「ケータイ文化」ともてはやされた若者文化は「スマホ」（スマートフォン）上に移行した．

それとともに，スマートフォンの OS は，Google 社の Andoroid と Apple 社の iOS による寡占化が進んでいる（図 7-3）．日本企業の世界市場でのシェアは激減している（図 7-4）．

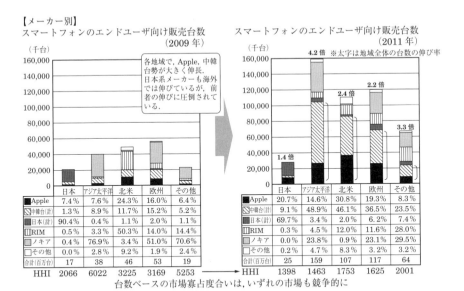

図 7-4　スマートフォン世界市場における地域別シェア変化(台数ベース)
　　　　(出典：『情報通信白書』平成 24 年版[6])

2. 日本におけるケータイの進化とガラケー化

ガラケーは何が間違っていたのか

　ガラケーは何が間違っていたのだろう？

　ガラケーは，先にも述べたように，電話というそもそもは単純な機能の道具が，さまざまな周辺機能を身に付けていったものといえる．むかし，小さな石を転がして周囲の雑多なものを付着させていくというゲームがあった．付着によって，形態がきてれつなものに変わっていく．それがゲームのおもしろさの大きな要素だった．このゲームと同じように，ケータイも，複雑な自己増殖生物の様相を呈していったのである．当初はそのガジェットぶりをおもしろがっていたユーザーたちも，やがて操作の複雑化についていけなくなっていった（ただし，日本的な携帯電話のあり方に愛着を感じているユーザーもいる）．

　そこに現れたのが，iPhoneに代表されるスマートフォンである．スマートフォンは，最初から装備すべき機能を考慮し，これを，まさにスマートな簡潔なユーザーインターフェイスによって提供した．しかも，「アプリ」というかたちで，多種多様な機能を，無限といっていいほど付加することができる．どのような機能（アプリ）を付加するかはユーザーが決めることであり，アプリのコストもユーザー自身が選択的に負担する．つまり，ガラケーのように，過剰な機能装備によって，ユーザーが不要なコストまで負担する必要はない．このような「スマート」さを実現しているのは，PCに準ずるOSをプラットフォームとすることによって，多様さを統一的にコントロールすることが可能になっているからである．

　これは，欧米の技術は，すべての原理としての〈普遍的真理〉（中世における「全能の神に」に替わる）が貫徹する（トップダウン的な）世界観を基盤にしているのに対して，日本の技術は，個別のアクターがそのときどきの状況や他のアクターとの関係性に適合的に相互作用を反復していく自己組織的（ボトムアップ的）な世界観を基盤にしていることからくると考えることができる．

3. 西陣織とコンピュータ

機械時計と近代科学

日本の歴史における最もスケールの大きい「ガラパゴス化」は，遠藤[1][2][3][4]などで論じた時計技術の受容とその展開であろう．

キリスト教会に支配された西欧中世の社会を脱宗教化し，世界を科学的合理性のもとで理解しようとする潮流の大きな契機となったのが，「機械時計」の技術であった．「機械時計」は，「時間」を自然の支配から解放し，普遍的な時間単位（地域にかかわらない標準的な時間）によって計られるものへと変えた．また，自然のあらゆる現象を，機械的メカニズムによって生成されるものとして理解しようとした．ここから生まれたのが，天文学，物理学，化学，医学などの近代科学であった．また，近代科学によって解明された「自然」のメカニズムは，人間の役に立つよう再構成され，自動織機などの大量生産機械となって（第一次）産業革命をもたらし，西欧社会の経済的パワーの源泉となった．自動織機に組み込まれた紋紙（プログラムの外部記憶）のアイディアはまた，オートマタ（自動人形）や複雑な文様の織物を自動的に織り出すジャカード織機を生み出した．さらにそれらが，今日のコンピュータ技術やロボット技術へと発展してきたのである．

これに対して日本では，「普遍的な時間」の概念が社会的に受け入れられることがなく，その結果，「時計」は「贅沢な趣味・工芸品」としてしか使われることなく，機械時計のメカニズムは，むしろ，からくり人形や文楽人形として文化・芸術領域で優れた作品を生み出していくことになった．したがって，ブレークスルー的な産業革命は起こらず，コンピュータ科学を自ら生み出すこともなかった．

「西陣織」の衰退と再生

より身近で興味深い例としては，「西陣織」がある．

「西陣織」はもちろん，日本有数の伝統技術である．

西陣織は，「一五世紀末の応仁の乱における西軍の陣地跡であった西陣の

地に織屋が多数住んで，織物の一大産地となった」[5]（p.15）のが始まりとされる．その後，「大陸伝来の高機（たかはた）という技術を取り入れ，先に染めた糸を使って色柄や模様を織り出す紋織（もんおり）が可能になった」[7]．「こうして紋織による高級絹織物・西陣織の基礎が築かれ，その産地としての西陣が確立された」[8]という．しかし，江戸時代後半になると，日本各地に新たな絹織物産業が登場し，西陣織物はかつての勢いを失っていく．ことに，明治維新によって，実質的な首都が東京に移ったことで，西陣織はまさに存亡の危機に瀕した[9]．

このとき，西陣織を救ったのは，ジャカード織の技術だった．

ジャカード織機は，18世紀の天才的自動人形製作者であったヴォーカンソンが発明したパンチカード（紋紙）式自動織機を，1800年代初頭にフランスのジョセフ・マリー・ジャカールが改良したものである．先にも触れたが，パンチカードによる機械の記憶・制御は，やがて今日のノイマン型コンピュータ（プログラム記憶型コンピュータ）へと発展した．

並木ら[5]によれば，「明治二年（一八六九），西陣機業の活性化を目的に西陣物産会社が設された．その設立にかかわり世話役でもあった機業家竹内作兵衛が，サミュエル・スマイルズの『西国立志編』を読んで，フランスにジャカードと呼ばれる紋織装置のあることを知り」(p.28)，京都府に働きかけ，「京都府から派遣された伝習生佐倉常七と井上伊兵衛が明治六年（一八七三）の帰国の際に持ち帰った」(p.52)．

このジャカード織機の導入によって，西陣織は自動機械化され，大幅にコストダウンして，危機を乗り切ったのだった．

西陣織のガラパゴス化

しかし，西陣織は現在，産業としてふたたび存亡の危機に立っている．

ジャカード織機の導入によって息を吹き返した西陣織は，「高級絹織物の大衆化を進めると同時に，伝統的な手織技術の高度化や図案・デザインの洗練にも努め，わが国の高級織物業の代名詞としての地位を」[10]確立した．

だが，図7-5からもわかるように，その出荷金額は，1990年代をピーク

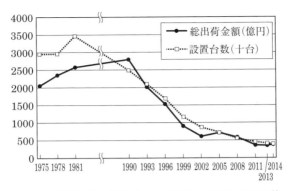

図 7-5　西陣織工業の推移（データ出所：『西陣生産概況』[11]）

として，急激な減少傾向にある．その理由の一つは，江戸末期と同様，社会全体の経済的衰退である．バブル以後の日本経済の衰退が，高級織物の需要を著しく減少させているのだ．

そしてもう一つの理由が，明治期西陣織の救世主だったジャカード織機にある．デジタル化が進むと，ジャカード織機の紋紙はフロッピーディスクに替わり，1983 年に西陣織工業組合と京都染織試験場が中心となってジャカード織機用紋紙データフォーマット規格（CGS）が開発された．

しかし，西陣織の消費量減少，磁気記憶技術の進歩により，

1. 少量生産をコンピュータ制御で行うのはかえってコストがかかる
2. CGS は標準化が不十分であるため，技術が変化すると解読困難になってしまう

などの致命的な問題が生じてきたのである．

まさに，「ガラパゴス化」が，ふたたび日本の伝統産業を危機に追いやっているのである．

日本的ロボットもガラパゴス化？

こうした傾向は，近年第三次ブームといわれるロボット技術についてもいわれていることである．

Aibo や Asimo など，日本のロボット技術は世界で高く評価されてきた．

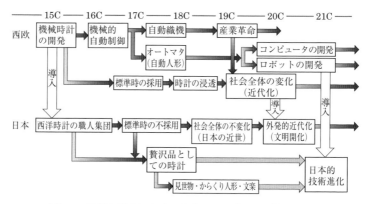

図 7-6　西欧と日本における時計〜コンピュータ技術の展開

それらは，魅力的な外見や，きめ細かな人間とのコミュニケーションを特長としている．しかし，実用性の面（例えば危険物の除去など）では，日本は他国に後れをとると指摘されている．また，海外では，ロボット技術の進展を契機に，第四次産業革命の到来を展望する動きもある．これに対して日本では，必ずしもこうした長期的ビジョンが存在するとはいえない．

ロボット技術が特異点に達しようとしている現在[6]，こうした文化的傾向があらわになっているともいえる（図 7-6）．

4. 日本的システム・モデル再考——〈モノ〉の思想と社会性

日本的システム・モデルは完全に否定されるべきなのか？

さて，本稿では，西欧的世界観と日本的世界観という二つのシステム・モデルについて検討し，これらシステム・モデルの違いが，「スマートフォン」と「ガラケー」の相違を生み出してきたと論じてきた．また，「ガラケー」に限らず，歴史を通じて，日本の技術がしばしば「ガラパゴス化」の隘路に踏み込んできたことを論じてきた．

だが，では，日本的システム・モデル——全体の統一的制御を欠き，状況適合的に自己組織を反復していく自己増殖モデルは，完全に否定されるべき

モデルなのだろうか？　日本の技術や産業も，日本の文化の基層に根付いている自己増殖モデルを完全に払拭し，西欧的中央制御的システム・モデルに完全に移行すべきなのだろうか？

〈モノ〉の思想

　西欧と日本の世界観あるいは技術的志向性の違いは，次のように理解することもできる．

　日本の文化的特性の基層には，「〈モノ〉の思想」とでもいうべき世界観が潜んでいる．すなわち，人間（ヒト，主体）と神（超自然的なるもの，霊的なるもの）と物（客体）の三者の関係性の構造の違いと捉えることができる．

　すなわち，西欧文化においては，世界の頂点に立つのは創造主である〈神〉である．〈神〉は〈ヒト〉と〈モノ〉（動物，物理的自然）を造った．ただし，〈ヒト〉は神から霊性も与えられたが，〈モノ〉はそうではない．したがって，世界は，〈カミ〉-〈ヒト〉-〈モノ〉と序列づけられており，〈ヒト〉は，霊性をもたない〈モノ〉を支配・制御しなくてはならない．それは，裏を返せば，〈ヒト〉と〈モノ〉は，前提として対抗（敵対）関係にあるといえる．このような世界観では，〈モノ〉を人工物化することは，制御の一種として推進されるべき行為であると同時に，敵対者が増える不安にもつながる．19世紀のラッダイト（機械打ち壊し）運動から続くテクノフォビア（技術恐怖症）の基盤である．

　一方，日本文化では，〈カミ〉-〈ヒト〉-〈モノ〉はそもそも明確に区別されない，相互に転換可能なものである．そのため，むしろ新技術の採用はスムースである．反面，外生的な契機（例えば，西欧文化との接触など）がなければ，自発的に世界のパラダイムシフトを伴う新技術を生み出す動機付けに欠けることとなる．結果として，技術が旧来のローカルな枠組みの中に閉じこもったまま，グローバルな状況変化と関係なく進化する．それが場合によっては「ガラパゴス化」と称される事態ともなる．

日本的システムのレジリエンシーと社会性

　一方，日本的システムには日本システムの，重要な特長があることを見落

としてはなるまい.

　第一に，西欧的システムがその普遍性（標準性）によって全体をコントロールすることを目指すのに対して，日本的システムは，個別の状況に最も良く適合することを目指す．そのため，前者がしばしば個別状況のドラスティックな変更を要求するのに対して，後者は個別状況を活かし，起こりうる衝突を回避する．

　第二に，日本的システムの状況適合を優先する性質は，ときに自らを袋小路に追い込んでしまう（ガラパゴス化）が，西陣織の場合でもそうであるように，外部技術の導入に対して柔軟性を発揮することで，危機を突破するレジリエントな（したたかな）性格を持っている．本稿では明治期の例で述べたが，実際には「西陣織」は何度も危機に見舞われ，そのたびに外部技術を導入して危機を乗り越えてきた（[7]など参照）．

　そして第三に，日本的生産システムは，西陣織がそうであるように，地域社会に埋め込まれていることが多い．渡邉[8]によれば，「西陣産地は社会的分業が発達したところとして知られている．西陣織の製織段階に至るまでには，数多くの準備工程を必要とし，西陣産地では，これらの工程が製織段階での出機のように，社会的分業という形で行なわれている」．すなわち，「仕事を担う大多数の織工たちが住まいの中で家族の生活の場と背中合わせに機を動かし，暮らしを立てている」[9]（p.15）のである．地域の衰退がいわれる現在，このような生産の方式は，改めて評価されるべきではないだろうか．

5. 二つのシステム・モデルの未来──メタ・システム化は可能か

日本的システムと西欧的システムは相互に排他的か？

　日本的システムが西欧的システムを柔軟に取り入れてきたことからもわかるように，二つのシステムは，必ずしも排他的ではない．

　そのことを端的に象徴するのが，まさにガラケーを駆逐しようとしているスマートフォンが内蔵しているモデルである．

　最もスマートフォンらしいスマートフォンといえるiPhoneを創り出した

Apple社を思想的に強く牽引したのは，創業者の一人であるスティーブ・ジョブスだといわれる．

そしてそのスティーブ・ジョブスは，日本文化を高く評価し，禅の思想を取り入れてシステムのデザインを考えたといわれる．例えば，『ゼン・オブ・スティーブ・ジョブス』[10]という本では，ジョブスは，禅僧・乙川弘文と親交があり，彼の「禅堂は，空間と空間に造られたものから成る．つまり，建造物と空間が融合したのが禅堂だ．空間に存在するものと，存在しないもの．このふたつの関連性を感じるのだ」[12]といった言葉に強い印象を受けたという．つまり，スマートフォンは，純正の西欧的世界観によってのみ生み出されたわけではない．

第4のシステム・モデル
――中央集中型システム，自律分散型システム，そして

いや，そもそもインターネットの発想そのものが，中央制御システム・モデルから逸脱したものである．

1962年，アメリカの計算機学者であるポール・バランは，『分散型コミュニケーション・ネットワーク』[11]という報告書を発表した．この報告書の重要な主張は，「核攻撃によってネットワークシステムの大半が致命的なダメージを受けたことを前提」として「破壊されたネットワークを用いる」，「サバイバル性を強化するために中央ノードを設けない」，「データを小分けにして送受信する」ことが重要であるというものであった．これらの要件を満たすのが，図7-7の(C)自律分散型モデルである．

この自律分散型モデルがまさに今日のインターネットの基本モデルであることはよく知られている．

そしてまた，この自律分散型モデルが状況適合的な相互接続の集積として生成される自己増殖モデルであることも理解できるだろう．時代は，むしろ中央制御モデルから自己増殖モデルへとシフトしつつあるかのようにも見える．

20世紀後半から，複雑性や自己組織性の概念に学界の注目が集まっているのもその表れと言える．

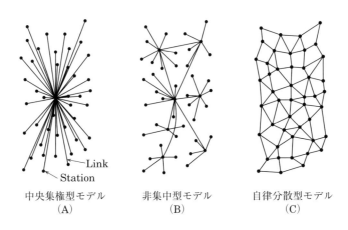

図 7-7 三つのネットワーク・モデル（出典：Baran[13]）

〈モノ〉のインターネット（IoM）の時代

　最近，モノのインターネット（IoT；Internet of Things）という言葉がよく聞かれる．情報化社会では，言葉や概念が次々と生み出され，安易にバズ化され，あっという間に消えていく．しかし，重要な概念は，じっくり吟味し，成熟させてこそ，社会的に有用なものとなる．IoT という概念も，小ネタ的バズとして消費してしまうのは惜しい気がする．

　IoT とは，MIT の研究者であるケビン・アシュトン [12] が使い始めた用語で，「さまざまなモノ[14]（インターネットに接続された）たちが，人間を介さずに，インターネット上で自律的にデータをやりとりし，相互的に制御を行う」ようなシステムを指す．

　しかし，第 4 節で論じたように，日本的な世界観においては，〈モノ〉は，神と人と物とを同時に意味する．したがって，「モノ」の一種として，インターネットの中に人間を含めて考えることも可能ではないか．それを筆者は，〈モノ〉のインターネット（Internet of Mono；IoM）と呼びたい．このような人工物と人間との関係は，西欧的なシステム観と日本的なシステム観との共進化とも捉えられるのではないか．それはパラドックスであるとともに一つの解となる可能性をはらんでいる．

多様なシステム・モデルを複合的に構成する
——メタ・システム論の必要性

その可能性とは何か.

ただし,可能性を考える前に,先に述べた「中央制御モデルから自己増殖モデルへとシフト」について,もう少し子細に見ておく必要がある.というのも,もし後者が前者より勝っているというのなら,後者に従ったガラケーが,前者の中から生まれてきたスマートフォンに駆逐されつつあることが説明できないからである.

端的に言えば,図 7-7 のネットワーク・モデル (モデル (C)) も,iPhone モデルも,自律分散といいつつ,ある面では (実質的には) 中央制御モデルである.これらのモデルでは,アクター間の相互作用は,個別の状況適合性ではなく,すべて統一的なルールに従っている.だからこそ,「スマート」な全体性能が確保されているのである.フーコーの「生権力」論などにも論じられているように,これら中央制御を潜在させた自律分散システムが,究極の全体制御システム (管理システム) となり得るという危惧は,ここから来る.

その危惧を踏まえたうえで,あらためて,中央制御モデルと自己組織モデルを相互補完的に構成することで (例えば図 7-8 のように),より個々のアクターの自律性を活性化させつつ,全体の緩みある秩序を維持しうるメタ・システム・モデルを構想し得るのではないか.

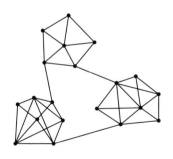

図 7-8　メタ・システム・モデル (中央制御モデルと自己組織モデルの相互補完)

そのために，まずは，システム・モデル間の相互補完構造（メタ・システム）を検討するメタ・システム論を立ち上げる必要があるのではないか．筆者は，それを強く主張したい．

6. おわりに

人間は，〈自分〉について冷静に考えることが苦手である．過剰に自己美化したり，過剰に自己卑下したりする．客観的に自分自身を見つめることができるなら，その人は成功を約束されたも同然である．

同様に，人は，自分が帰属している〈文化〉（ここでいう「文化」とは，その社会に無意識に埋め込まれている「やり方」の傾向性）を，適切に評価し，状況の変化に適合的に進化させることを考えることが苦手なようだ．過剰に自尊的な感情を持ったり，過剰に劣等感を持ったりする．また，〈文化〉を過剰に固定（不変）的であると考えたり，あるいは他の〈文化〉の完全な複写が可能だと考えたりする．しかしこれらはいずれも大きな誤りである．

〈文化〉は社会の深層からしぶとく社会に影響を与え続けるものであると同時に，状況の変化にしたがってしなやかに姿を変えていくものでもある．

〈文化〉の基層に潜む多様性を，状況に適合的に活かしていくことこそ，最も美しい花を咲かせる戦略であろう．

日本における〈ガラパゴス化〉への傾向性も，単にこれを否定するだけでなく，その利点の活かし方を考えていくことによってこそ，日本産業のユニークネスを発信し，その存在感を高めることができるのではないだろうか．それだけではなく，世界の未来を，レジリエントで，より豊かな社会関係で結ばれたシステムとする基本デザインとして組み込むことができるのではないだろうか．これを可能にするのが，横断型基幹科学技術（人文社会科学を含む）の役割であると考えるのである．

あとがき

　ここにいよいよ，横幹〈知の統合〉シリーズの第1巻をみなさまにお届けできるのは，何よりの喜びです．

　このシリーズ刊行の母体となっているのは，「横幹連合」，正式には「横断型基幹科学技術研究団体連合」という学術団体（学会）の連合体です．少し長くて，漢字ばかりの名前ですが，そこには「知の統合」をめざす研究者たちの熱い想いがぎっしりつまっています．本書を読んでくださった（くださる）みなさまに，それが少しでも伝わり，またみなさんがそれを共有してくださるなら，このシリーズの目的は達せられたといっていいかもしれません．

　ここではすこし，そんな横幹についての，私の思い出話をさせてください．

　「横幹」に参加している学会の多くは，工学系の学会です．そのなかで，私が属しているのは，「社会情報学会」という文理融合系の学会で，筆者自身の専門分野は「社会学」という文系の学問領域です．そんな文系の人間も，横幹の活動に関わらせていただいていることからも，横幹に「知の統合」という理念が深く根ざしていることがわかるでしょう．

　私が最初に横幹に関わったのは，まだ正式な発足以前でした．2002年11月29日〜12月2日，大磯のプリンスホテルで，4日に渡って「JST異分野研究者交流促進事業フォーラム「横断型基幹科学技術」―技術の新しい基礎を求めて」が開催され，筆者もお招きを受けたのでした．フォーラムのコーディネーターを務められたのが，横幹第二代会長の木村英紀先生でした．

　ひどく寒い日で，冬の海に雪がちらついていました．けれど，会場内は熱気にあふれていました．文理を問わず幅広い分野から，たくさんの研究者が集まって

いました．大学や研究機関の研究者だけでなく，企業からも多くの方が参加していました．朝日新聞と毎日新聞の論説委員の方の講演も興味深いものでした．

当時，日本学術会議副会長[1]であった，社会学の吉田民人先生も「〈新科学論〉の立場から：文理融合型の設計科学」というタイトルで，熱弁をふるっておられたことを懐かしく思い出します．筆者も「環境としての情報空間―社会技術・環境技術における横断型の役割」というタイトルで講演させていただきました．今までになかった新しい学問運動が始まるのだと，わくわくしました．

2005年11月，第2章で詳しく書かれているように，長野市のJA長野県ビルで，第1回横幹連合コンファレンス「知のダイナミックデザイン」が開催されました．276人の参加者を集めた盛会でした．このときの「コトつくり長野宣言」はメディアでも取り上げられました．私も「社会的知のダイナミクス」というタイトルで講演させていただきました．

翌2006年12月には，東京三田のキャンパスイノベーションセンターで，第1回横幹連合総合シンポジウム「統合知の創成と展開を目指して」が開かれました．このときは，私もセッションのオーガナイズを任され，「コトつくりの理論とデザイン―社会知が組織する」というセッションを企画しました．社会科学系の方々を中心にしたのですが，やはり横幹の趣旨からして，理工学系の方にも入っていただこうということになりました．そこで，白羽の矢が立ったのが，出口光一郎先生でした．出口先生は最初から横幹の中核にいらっしゃいましたし，画像情報処理分野の大御所でもあり，厳しいご意見もはっきりおっしゃる方とお見受けしていました．ですから，セッションに出口先生が加わってくださることは，光栄でもあり，緊張することでもありました．しかし，実際に講演をうかがうと，専門的な深いテーマを，平易な語り口で，興味深く，むしろ楽しく論じていただき，とても感銘を受けました．本書の第3章を読むと，そのときのことがまざまざと思い出されます．

吉川弘之先生，鈴木久敏先生，安岡善文先生，舩橋誠壽先生についても思い出は尽きませんが，長くなりますので別の機会に譲ります．

以上，個人的な感慨を書き連ねてしまいましたが，私が読者のみなさまに是非とも申し上げたいのは，このように人間味あふれる先生方の深い学識から紡ぎだ

された，新しい統合知へのビジョンが，本書にはぎっしりと詰まっているということです．

　世界の未来を考えるために，本書を役立てていただけることを願っております．

　最後になりますが，本シリーズおよび本書の刊行にあたっては，東京電機大学出版局編集課の坂元真理さんに大変お世話になりました．深く感謝いたします．

2016 年 2 月

横幹〈知の統合〉シリーズ編集委員会
委員長　遠藤　薫

注

第1章
1. 例えば，エトムント・フッサールの現象学は私たち工学者の関心の多くに応えてくれる．
2. 東京大学人工物工学研究センター，1994年設置．

第2章
1. http://www.weblio.jp/category/computer/binit

第7章
1. https://ja.wikipedia.org/wiki/ ガラパゴス化（2015.10.6 閲覧）．
2. 21世紀COEプログラム「次世代ユビキタス情報社会基盤の形成」「インターネット利用調査チーム」平成20年度研究成果報告書『2008年インターネット利用に関する実態調査―東京23区住民の現況―』平成21年3月．
3. 矢野経済研究所『携帯電話の世界市場に関する調査結果2015』2015年6月（http://www.yano.co.jp/press/pdf/1401.pdf）．
4. HHI（Herfindahl-Hirschman Index：ハーフィンダール・ハーシュマン・インデックス）とは，市場の集中度を測る指標．数値が大きいほど，市場の寡占が進んでいることを表す．
5. 総務省『情報通信白書』平成24年版（http://www.soumu.go.jp/johotsusintokei/whitepaper/ja/h24/html/nc122110.html）．
6. 5.に同じ．
7. 「西陣の歴史」（http://www.nishijin.or.jp/history/history03.html）．
8. 同上．
9. 安岡[13]なども参照．

10. 2. に同じ.
11. 西陣織工業組合『西陣生産概況』平成 26 年（http://www.nishijin.or.jp/material/gaikyo_h26.pdf）.
12. Melby, Caleb, *THE ZEN OF STEVE JOBS*, Forbes LLC, 2012（柳田由紀子訳『ゼン・オブ・スティーブ・ジョブス』p.51, 集英社, 2012）.
13. Baran, Paul, "ON DISTRIBUTED COMMUNICATIONS NETWORKS", FIG.1, 1962（http://www.attivissimo.net/timeline/paul-baran-on-distributed-comms.pdf）.
14. things.

あとがき
1. この当時，日本学術会議会長を務めておられたのが，初代横幹会長の吉川弘之先生でした.

参考文献

第1章

[1] 吉川弘之「一般設計学序説」『精密機械』Vol.45, p. 906, 1979（口頭発表 1973）.
H. Yoshikawa, "General Design Theory and a CAD System", T. Sata and E. Warman (Eds.), *Man-machine Communication in CAD/CAM*, North Holland, IFIP, 1981.

[2] H. A. Simon, *The Sciences of the Artificial*, MIT Press, 1969, 1982.

[3] ハーバート・サイモン著, 稲葉元吉・吉原英樹訳『システムの科学』ダイヤモンド社, 1969, 1977, パーソナルメディア, 1982（注：原著の the artificial は, 1968 年版では主として人為的世界と訳されているが, 1977, 1982 年版では人工物と訳されている）.

[4] 吉川弘之「設計論の最近の動向」『精密機械』Vol.47, p.907, 1981.

[5] 吉川弘之「機械のトポロジ」『精密機械』Vol.38, p.1018, 1972（口頭発表 1970）.

[6] L. von Bertalanffy, *Modern Theories of Development*, NY, Oxford Univ. Press, 1933.

[7] R. Barthes, *Systeme de la Mode*, Editions du Seuil, Paris, 1967（佐藤信夫訳『モードの体系』みすず書房, 1972）.

[8] R. K. Merton, *Social Theory and Social Structure*, The Free Press, 1949, 1957（森東吾ほか訳『社会理論と社会構造』みすず書房, 1961）.

[9] L. Mumford, *Art and Technics*, Columbia University Press, 1952（生田勉訳『芸術と技術』岩波新書, 1954）.

[10] R. Costanza et al., "The value of the world's ecosystem services and natural capital", *Nature*, Vol.387/15, p.263, May 1997.
G. C. Daily and K. Ellison, *The New Economy of Nature*, Island Press, 2002.

[11] 吉川弘之『科学者の新しい役割』岩波書店, 2002.

［12］吉川弘之「序文」，吉川弘之・内藤耕『「産業科学技術」の哲学』東京大学出版会，2005．
［13］産業技術総合研究所「持続性に向けた産業科学技術委員会報告書」2007．
［14］吉川弘之『テクノロジーの行方（21世紀問題群ブックス8）』岩波書店，1996．
［15］H. Yoshikawa, "Reformation of Scientific Disciplines", *World Conference on Science*, A. M. Cetto（Ed.）, UNESCO/ICSU, p.76, 2000.

第2章

［1］常盤文克『コトづくりのちから』日経BP社，2006．
［2］マイケル・ギボンズ著，小林信一監訳『現代社会と知の創造――モード論とは何か』丸善ライブラリー，1997．
［3］日本学術会議，科学者コミュニティと知の統合委員会『提言：知の統合――社会のための科学に向けて』2007年3月22日．
［4］http://www.jst.go.jp/crds/pdf/2015/FR/CRDS-FY2015-FR-06.pdf
［5］木村英紀『ものつくり敗戦』日経出版，2009．
［6］中根千枝『タテ社会の人間関係――単一社会の理論』講談社現代新書，1967．

第3章

［1］出口光一郎・本多敏『センシングのための情報と数理』コロナ社，2009．
［2］野村由司彦『図解情報理論入門』コロナ社，1998．
　　岩垂好裕『情報伝送と符号の理論』オーム社，2000．
　　博松明『情報処理概論』培風館，1996．
　　平澤茂一『情報理論入門』培風館，2000．
　　韓太舜・小林欣吾『情報と符号化の数理』培風館，1999．
　　横尾英俊『情報理論の基礎』共立出版，2004，など多数．
［3］出口光一郎「能動センシングと「センシング情報学」の事始め」『計測と制御』第50巻，第9号，2012．

第4章

［1］岩崎夏海『もし高校野球の女子マネージャーがドラッカーの『マネジメント』を読んだら』ダイヤモンド社，2009．
［2］吉川弘之「第2種基礎研究の原著論文誌」『Synthesiology』Vol.1, No.1, pp.1-6, 2008．

第 5 章

[1] 安岡善文「横幹的視点から見た環境問題へのアプローチ──境界を越えた問題の解決に向けた知識の統合」『横幹』Vol.2, No.1, pp.26-31, 2008.
[2] Future Earth "Transition Team, Future Earth – research for global sustainability" (Initial Design Report by the Future Earth Transition Team), 2013.
[3] 日本学術会議『報告「環境学の俯瞰」』2014.

第 6 章

[1] B. Libert, et al., "What Airbnb, Uber, and Alibaba Have in Common", *Harvard Business Review*, Nov 20, 2014 (https://hbr.org/2014/11/what-airbnb-uber-and-alibaba-have-in-common).
[2] Deloitte, "The Value Shift: Why CFOs Should Lead the Charge in the Digital Age", *CFO Journal*, Dec. 15, 2014.
[3] INCOSE, *Systems Engineering Vision 2025*, p.16, 2014 (http://www.incose.org/AboutSE/sevision).
[4] 木嶋恭一, マイケル・C・ジャクソン「応用システム思考の発展：ホリズムの実践」, 木嶋恭一・中條尚子編著『ホリスティック・クリエイティブ・マネジメント』丸善出版, 2007.
[5] A. T. Bahill and B. Gissing, "Re-evaluating Systems Engineering Concepts Using Systems Thinking", *IEEE Trans. on SMC*, SMC-28, 4, pp.516-527, 1998.
[6] L. Chan and M. Wu, "Quality function deployment: A literature review", *European Journal of Operational Research*, 143, pp.463-497, 2002.
[7] N. P. Suh, *Axiomaic Design*, Oxford University Press, 2001.
[8] P. Checkland, *Systems Thinking, Systems Practice*, John Wiley & Sons, 1981.
[9] S. L. Vargo and R. F. Lusch, "Evolving to a New Dominant Logic for Marketing", *Journal of Marketing*, 68, pp.1-17, 2004.
[10] M. Funabashi, "Transdisciplinary Science and Technology and Service Systems", M. Kosaka and K. Shirahada, *Progressive Trends in Knowledge and System-Based Science for Service Innovation*, pp.101-127, IGI Global, 2013.
[11] M. Funabashi, "A Reference Model for Service Systems Building Transdisciplinary Research Community", Proc. of the Third Asian Conference

on Information Systems (ACIS 2014), pp.465-471, 2014.

第 7 章

[1] 遠藤薫「「近代」の動態 その範型としての「機械」」『社会学評論』Vol.43，No.4，pp.390-405, 1993.
[2] 遠藤薫「日本文化における人工物観――時計技術はなぜ人形浄瑠璃を生んだか」『横幹』Vol.1, No.1, pp.59-66, 2007.
[3] 遠藤薫「近世・近代〈日本〉における〈時計〉技術の受容と変容――グローバリゼーションの二重らせん」『学習院大学 法学会雑誌』44 巻 1 号，pp.313-358, 2008.
[4] 遠藤薫『廃墟で歌う天使――ベンヤミン『複製技術時代の芸術作品』を読み直す』現代書館，2013.
[5] 並木誠士・清水愛子・青木美保子・山田由希代編『京都 伝統工芸の近代』思文閣出版，2012.
[6] Kurzweil, R., *The Singularity Is Near: When Humans Transcend Biology*, 2005（井上健監訳ほか『ポスト・ヒューマン誕生――コンピューターが人類の知性を超えるとき』pp.495-496, NHK 出版，2007）.
[7] 柿野欽吾「技術革新と伝統産業―西陣意匠紋（紙）業を中心に―」『社会科学』（同志社大学）50 号，pp.69-100, 1992.
[8] 渡邉喜久「西陣織物業の生産システム――生産工程の分業化と人間主体生産システム」『東海学園大学研究紀要』第 2 号，pp.47-68, 1997.
[9] 片方信也『西陣――織と住のまちづくり考』つむぎ出版，1995.
[10] Melby, Caleb, *THE ZEN OF STEVE JOBS*, Forbes LLC., 2012（柳田由紀子訳『ゼン・オブ・スティーブ・ジョブズ』集英社，2012）.
[11] Baran, Paul, "ON DISTRIBUTED COMMUNICATIONS NETWORKS", 1962
（http://www.attivissimo.net/timeline/paul-baran-on-distributed-comms.pdf）.
[12] Ashton, Kevin, "That 'Internet of Things' Thing", *RFID Journal*, 2009（http://www.rfidjournal.com/articles/view?4986）.
[13] 安岡重明「江戸後期・明治前期の西陣機業の動向」『社会科学』（同志社大学）23 号，pp.1-23, 1975.

索引

英字

co-design　64
co-production　64
Future Earth　63
IGBP　63
IHDP　63
PDCAサイクル　53
QFD（Quality Function Deployment）　82
S-Dロジック　88
SATREPS　63
SIMILAR　81
SysML（Systems Modeling Language）　84
WCRP　63

あ

アプリ　96

一般設計学　3
イノベーション　15
異分野交流　21
異分野の融合　21

運用の拡張性　29

横幹的　68
横断型基幹科学技術　18, 55

か

科学と科学的知識の利用に関する世界宣言　62
学際研究　21
学際性　64
学際的　68
価値づくり　57
ガラケー　96
ガラパゴス化　91
環境問題　3

機械時計　97
技術的可能性　12
機能学　4
機能要素　26, 27, 29
教育　16
境界領域　21
近代　9

経営科学　55
携帯電話　91
ケータイ　92

行動の評価　46
国際関係　16
コト　57
コトつくり　19, 30, 33, 34, 57
コトつくりの科学技術　55

さ

サービス　17
サービス・ドミナント・ロジック　88
産業革命　10

事業体　52
自己増殖　103
自己組織モデル　105
システム　26
システム化　91
システム科学ユニット　25, 26
システム観　104
システム産業　34
システムズエンジニアリング　79
システム統合　26, 30, 34
システムの時代　26
自然観　1, 7
持続　14
自動織機　97
ジャカード織　98
社会経済　16
手術ロボット　31
シュンペータ　15
条件付きエントロピー　42
条件付き情報量　42
情報エントロピー　40
情報量　39
人工物　1
人工物観　1

数学基礎論　23
数学モデル　24
数理モデル　25
スケーラビリティ　29
スティーブ・ジョブズ　103
ステークホルダー　64
スマートフォン　95

生存　8
生存欲求　11
設計　2
設計科学　56
センシング　37
先祖返り　14

相互情報量　43, 46
相互補完　105
速度差　11
ソフトシステムズ・アプローチ　80

た

多機能化　93
タテ型科学技術　55
縦型志向　33

地球環境　16
知の互換性　24
知の相互流通性　25
知の統合　21, 24, 28, 29, 55
中央制御モデル　105
中世　9

常磐文克　20
トランスディシプリナリ　63, 68

な

内部構造　4

西陣織　97
ニュートン　7
認識科学　56

ノイマン型コンピュータ　98

は

ハードシステムズ・アプローチ　79
ハーバート・サイモン　3

測る　37
バックキャスト　73
汎用性　93

ビジネス　52
ビット　39
表象　8

ブダペスト宣言　62
物体認識　44
プロセスシステム　27，30
プロダクトシステム　27，30
文化　106
分野知　27，28，29

ベルグソン　5

ホモファーベル　5

ま
マートン　5

マネジメント　51
マネジメント技術　52

メタ・システム　105

モード2の研究　22
モノづくり　57

や
有機的なシステム　12

よいシステム　28
要素技術偏重　33
ヨコ型科学技術　55

ら
利便　8
領域越境型の科学　22

ロボット　31，99

編著者紹介

編者

横断型基幹科学技術研究団体連合
横幹〈知の統合〉シリーズ編集委員会

編集顧問	吉川 弘之	横幹連合名誉会長（2008 ～）
		国立研究開発法人科学技術振興機構特別顧問（2015 ～）
	木村 英紀	横幹連合元会長（2009 ～ 2013）
		早稲田大学理工学術院招聘研究教授（2014 ～）
	出口 光一郎	横幹連合会長（2011 ～）
		東北大学名誉教授（2014 ～）
編集委員会委員長	遠藤 薫	横幹連合副会長（2013 ～）
		学習院大学法学部教授（2003 ～），同政治学研究科委員長（2015 ～），日本学術会議会員（2014 ～）
編集委員会委員	鈴木 久敏	横幹連合元副会長（2008 ～ 2009, 2013 ～ 2014）
		大学共同利用機関法人情報・システム研究機構監事（2015 ～）
	安岡 善文	横幹連合元副会長（2010 ～ 2013）
		科学技術振興機構 SATREPS（地球規模課題対応研究プログラム）研究主幹（2011 ～），国際環境研究協会環境研究総合推進費等研究主監（2015 ～）
	舩橋 誠壽	横幹連合副会長（2015 ～）
		北陸先端科学技術大学院大学知識科学研究科シニアプロフェッサー（2012 ～）

著者 (章執筆順)

吉川 弘之（よしかわ・ひろゆき）[第1章]
- 横幹連合　　会長（2003〜2007），名誉会長（2008〜）．
- 所属学会　　精密工学会 元会長．
- 最終学歴　　東京大学工学部精密工学科卒業（1956），工学博士（1964）．
- 職　　歴　　三菱造船入社（1956），株式会社科学研究所（現 理化学研究所）入所（1956），東京大学工学部助教授（1966），英国バーミンガム大学客員研究員（1967），東京大学学長補佐（1971），ノルウェー国立工科大学客員教授（1977），東京大学工学部教授（1978），同評議員（1987），同工学部長（1989），同学長特別補佐（1991），同総長（1993），文部省学術国際局学術顧問（1997），日本学術会議会長（1997），日本学術振興会会長（1997），放送大学長（1998），国際科学会議会長（1999），独立行政法人産業技術総合研究所理事長（2001），独立行政法人科学技術振興機構研究開発戦略センターセンター長（2009），日本学士院会員（2014）．
- 現　　在　　国立研究開発法人科学技術振興機構特別顧問（2015〜）．
- 主な著書　　『信頼性工学』（コロナ社，1979），『ロボットと人間』（日本放送出版協会，1985），『テクノグローブ』（工業調査会，1996），『テクノロジーと教育のゆくえ』（岩波書店，2001），『科学者の新しい役割』（岩波書店，2002），『本格研究』（東京大学出版会，2009）．

木村 英紀（きむら・ひでのり）[第2章]
- 横幹連合　　副会長（2005〜2009），会長（2009〜2013）．
- 所属学会　　計測自動制御学会 元会長．
- 最終学歴　　東京大学工学系大学院博士課程（1970），工学博士．
- 職　　歴　　大阪大学基礎工学部助手，助教授（1970〜1986），同工学部教授（1986〜1995），東京大学工学部教授（1995〜2000），同新領域創成科学研究科教授（2000〜2004），理化学研究所バイオミメティックコントロール研究センター生物制御研究室長（2002〜2009），同BSI理研トヨタ連携センター長（2009〜2013），科学技術振興機構研究開発戦略センター上席フェロー（2009〜2015）．
- 現　　在　　早稲田大学理工学術院招聘研究教授（2014〜）．

主な著書	『ロバスト制御』（コロナ社，2000），『制御工学の考え方』（講談社ブルーバックス，2002），『ものつくり敗戦』（日本経済新聞出版社，2009），『世界を制する技術思考』（講談社，2015）．

出口 光一郎（でぐち・こういちろう）［横幹〈知の統合〉シリーズの刊行によせて，はじめに，第3章］

横幹連合	理事（2003〜2010），会長（2011〜）．
所属学会	計測自動制御学会，情報処理学会，電子情報通信学会，日本ロボット学会，形の科学会，IEEE．
最終学歴	東京大学大学院工学系研究科修士課程修了（1976），工学博士．
職　歴	東京大学工学部助手，講師，山形大学工学部助教授（1976〜），東京大学工学部計数工学科助教授（1988），東北大学情報科学研究科教授（1999）．
現　在	東北大学名誉教授（2014〜）．
主な著書	『コンピュータビジョン』（丸善，1989），『画像と空間——コンピュータビジョンの幾何学』（昭晃堂，1991），『ロボットビジョンの基礎』（コロナ社，2000），『画像認識論講義』（昭晃堂，2002），『Mathematics of Shape Description: A Morphological Approach to Image Processing and Computer Graphics』（John Wiley & Sons，2008），『センシングのための情報と数理』（共著，コロナ社，2008）．

鈴木 久敏（すずき・ひさとし）［第4章］

横幹連合	理事（2004〜2007，2015〜2016），副会長（2008〜2009，2013〜2014），監事（2010）．
所属学会	日本オペレーションズ・リサーチ学会 元理事，日本経営工学会 元副会長．
最終学歴	東京工業大学大学院（1976）．
職　歴	東京工業大学助手（1976〜1988），筑波大学助教授，教授，研究科長，理事・副学長（2009〜2013），独立行政法人科学技術振興機構研究開発戦略センター特任フェロー，フェロー（2013〜2015）．
現　在	大学共同利用機関法人情報・システム研究機構監事（2015〜）．
主な著書	『整数計画法と組合せ最適化』（編著，日科技連出版社，1982），『オペレーションズ・リサーチⅠ』（共著，朝倉書店，1991），『ビジネス数理への誘い』（共著，朝倉書店，2003），『マーケティング・経営戦略の数理』（共著，朝倉書店，2009）．

安岡　善文（やすおか・よしふみ）［第 5 章］
　横幹連合　　副会長（2010 〜 2013），監事（2013 〜）．
　所属学会　　日本リモートセンシング学会 会長，日本写真測量学会，計測自動制御学会，環境科学会，米国電気電子工学会（IEEE），ほか．
　最終学歴　　東京大学大学院工学系研究科計数工学専攻博士課程修了（1975），工学博士．
　職　　歴　　国立環境研究所総合解析部総合評価研究室長（1987），同社会環境システム部情報解析研究室室長（1990），同地球環境研究センター総括研究管理官（1996），東京大学生産技術研究所教授（1998），独立行政法人国立環境研究所理事（2007）．
　現　　在　　科学技術振興機構 SATREPS（地球規模課題対応研究プログラム）研究主幹（2011 〜），国際環境研究協会環境研究総合推進費等研究主監（2015 〜），ほか．

舩橋　誠壽（ふなばし・もとひさ）［第 6 章］
　横幹連合　　理事（2009 〜），事務局長（2010 〜 2014），副会長（2015 〜）．
　所属学会　　計測自動制御学会 名誉会員・フェロー，電気学会 終身会員・フェロー，日本知能情報ファジィ学会 名誉会員．
　最終学歴　　京都大学大学院工学研究科数理工学専攻修士課程修了（1969），京都大学工学博士（1990）．
　職　　歴　　株式会社日立製作所（1969 〜 2010），中央研究所，システム開発研究所で研究員，主任研究員，主管研究員，主管研究長等を歴任，京都大学大学院情報学研究科数理工学専攻応用数理モデル分野客員教授（2003 〜 2008），独立行政法人国立環境研究所監事（2007 〜 2011）．
　現　　在　　北陸先端科学技術大学院大学知識科学研究科シニアプロフェッサー（2012 〜）．
　主な著書　　『ニューロコンピューティング入門』（オーム社，1992），『システム制御のための知的情報処理』（共著，朝倉書店，1999），『ネットベースアプリケーション』（編著，裳華房，2002），『横断型科学技術とサービスイノベーション』（共編著，近代科学社，2010）．

遠藤　薫（えんどう・かおる）［第 7 章，あとがき］

横幹連合	副会長（2013 〜），理事（2007 〜）．
所属学会	社会情報学会 副会長（日本社会情報学会 元会長），日本社会学会 理事，社会学系コンソーシアム 理事長，情報通信学会 元副会長，シミュレーション＆ゲーミング学会，数理社会学会，文化資源学会，日本マス・コミュニケーション学会，日本ポピュラー音楽学会．
最終学歴	東京工業大学大学院博士後期課程修了（1993），博士（学術）．
職　　歴	信州大学人文学部助教授（1993），東京工業大学大学院社会理工学研究科助教授（1996）．
現　　在	学習院大学法学部教授（2003 〜），同政治学研究科委員長（2015 〜），日本学術会議会員（2014 〜）．
主な著書	『電子社会論』（実教出版，2000），『インターネットと〈世論〉形成』（編著，東京電機大学出版局，2004），『間メディア社会と〈世論〉形成』（東京電機大学出版局，2007），『社会変動をどう捉えるか 1 〜 4』（勁草書房，2009 〜 2010），『大震災後の社会学』（編著，講談社，2011），『メディアは大震災・原発事故をどう語ったか』（東京電機大学出版局，2012），『廃墟で歌う天使』（現代書館，2013），『間メディア社会における〈ジャーナリズム〉』（編著，東京電機大学出版局，2014），『ソーシャルメディアと〈世論〉形成』（編著，東京電機大学出版局，2016（予定）），ほか多数．

【横幹〈知の統合〉シリーズ】
〈知の統合〉は何を解決するのか
モノとコトのダイナミズム

2016年4月10日　第1版1刷発行　　ISBN 978-4-501-62950-2 C3000

編　者　横幹〈知の統合〉シリーズ編集委員会
著　者　吉川弘之・木村英紀・出口光一郎・鈴木久敏・安岡善文・
　　　　舩橋誠壽・遠藤薫
　　　　© TraFST "Knowledge Integration" Series Editorial Board,
　　　　　Yoshikawa Hiroyuki, Kimura Hidenori, Deguchi Koichiro,
　　　　　Suzuki Hisatoshi, Yasuoka Yoshifumi, Funabashi Motohisa,
　　　　　Endo Kaoru 2016

発行所　学校法人　東京電機大学　〒120-8551　東京都足立区千住旭町5番
　　　　東京電機大学出版局　　　　〒101-0047　東京都千代田区内神田1-14-8
　　　　　　　　　　　　　　　　　Tel. 03-5280-3433(営業) 03-5280-3422(編集)
　　　　　　　　　　　　　　　　　Fax. 03-5280-3563　振替口座 00160-5-71715
　　　　　　　　　　　　　　　　　http://www.tdupress.jp/

JCOPY　＜(社)出版者著作権管理機構　委託出版物＞
本書の全部または一部を無断で複写複製（コピーおよび電子化を含む）することは，著作権法上での例外を除いて禁じられています。本書からの複製を希望される場合は，そのつど事前に，(社)出版者著作権管理機構の許諾を得てください。また，本書を代行業者等の第三者に依頼してスキャンやデジタル化をすることはたとえ個人や家庭内での利用であっても，いっさい認められておりません。
[連絡先] Tel. 03-3513-6969, Fax. 03-3513-6979, E-mail：info@jcopy.or.jp

組版：徳保企画　　印刷：(株)加藤文明社　　製本：渡辺製本(株)
装丁：小口翔平＋岩永香穂 (tobufune)
落丁・乱丁本はお取り替えいたします。　　　　　　　　　Printed in Japan